한생각 공부

· 표지글 '한생각 공부'는 종범 스님께서 직접 쓰신 글자입니다.
· 표지 문양 은 인도 아마라바티(Amaravati) 박물관의 불교법륜佛教法輪을 새롭게 디자인한 것입니다.
· 본문에는 일부 구어체를 그대로 인용하였습니다.
· 본문의 후미에 BTN 법문 해당 동영상을 볼 수 있는 QR코드를 제공합니다.

종범 스님 설법집 2
〈BTN 1〉

한생각 공부

한생각

한 생각

한생각 고요한 광명
태허공에 두루 가득하네!
법계의 만물은
한생각이 비추는 곳!

그렇기는 하나
한생각이란 무엇인가?
한 생각의 자체
이것이 무엇인가?

一念子

一念寂光 遍滿太虛
法界萬物 一光照處
雖然如是 一念什麽
一念當體 是箇什麽

2563(2019)년 중추절에
通度寺 西鷲庵 惺庵 泉梵

목차

번뇌와 보리	18
중생심과 마음공부	34
나는 누구인가	56
수행 이야기	78
육바라밀과 십바라밀	98
보법普法수행과 일법一法수행	114
마음공부 하는 법	130
마음공부의 일상정진	148
마음공부와 일상생활	166

일용사日用事와 마음공부	184
마음공부의 삼요三要와 십병十病	202
마음공부의 방향과 방식	220
불교 입문入門과 입도入道	234
무명심과 보리심	250
불자의 복업福業과 도업道業	270
수도修道와 증도證道	288
깨달음과 마음공부	308
수행의 개별個別과 회통會通	328
법구法句	343

文文字字顯佛身
大経眼目見十佛
見佛経眼又曰深
目前常見獲来佛

惺庵宗梵

看經見佛
文字看經孤單業
尋行索言空回頭
教說章句三藏文
披波益多轉無數

法藏述疏
依經述疏詳解經義
後代學人依疏義解

惺庵宗梵

華嚴家風
華嚴宗家 同門修学
各成專業 遺香萬世
義相見佛
大經眼目通見十佛
義相會上華嚴学習

披經讀誦經學人
斂鏡智燈照心性
識心見性無疑惑
無文大經常放光

戊戌 二月 日
惺庵宗荒

為
須彌頂住講堂
槃談書經讚偈

大方廣佛華嚴経
毘盧遮那顯普明
處會品卷示教說
莊嚴法界金寶藏

번뇌와 보리

'번뇌煩惱'와 '보리菩提'는 불교 신행의 기본입니다. 한마디로 번뇌는 어리석음이고 보리는 깨달음입니다. 어리석으면 중생이고 깨달으면 부처님인 것입니다.

중생에게는 세 가지 장애가 있습니다. 그 세 가지 장애가 있기 때문에 어리석은 중생이라고 합니다.

첫 번째 장애는 괴로움의 장애, 고장苦障입니다. 중생의 온갖 괴로움 중에는 몸에 관련된 것이 있고, 마음에 관련된 것이 있고, 사람에 관련된 것이 있습니다. 몸과 마음과 사람에 관련된 세 가지 괴로움[苦]으로 고장을 설명할 수 있습니다.

그런데 이런 괴로움이 어디서 왔을까요? 가만히 생각해보면 괴로움이 다른 데서 온 것이 아니라 모두 내 자신이 만들어서 생긴 것임을 알 수 있습니다. 내가 어떤 사람과 인연을 맺었기 때문에 그 사람으로부터 괴로움이 오고, 내 몸도 그동안 어떻게 관리했는가에 따라서 괴로움이 오고, 내 정신 건강도 모두 내가 생활해 온 것과 관련이 있습니다. 모두 내가 지은 업業 때문입니다.

 업으로 말미암아 괴로움이 생기므로 이것이 두 번째 업의 장애, 업장業障입니다. 좋지 않은 업을 지었기 때문에 괴로움이 오는 것이지 좋은 업을 지으면 괴로움이 오지 않습니다. 그래서 좋지 않은 업을 죄업罪業이라고도 합니다. 고통을 만들어내는 업이라는 뜻입니다.

 그러면 자신이 고통 받을 죄업을 왜 스스로 지었는가? 그것은 어리석음, 즉 미혹迷惑 때문입니다. 이 미혹한 장애가 세 번째 혹장惑障입니다. 미혹 때문에 업을 짓고, 지은 업으로 인해 고통을 받는 것입니다.

 이러한 혹惑·업業·고苦의 혹장·업장·고장을 삼장三障이라고 합니다. 그래서 '삼장돈제三障頓除', 즉 삼장을 일시에 다 제거하게 되기를 발원하고 축원합니다.

 이러한 삼장 중에서도 가장 문제가 되는 것이 혹장입니다. 미혹인 번뇌로 말미암아 죄업을 짓고, 그 죄업으로 말미암아 고통을 받으므로 이 혹장을 어떻게 소멸하느냐가 중요한 문제인 것입니다.

 이런 이야기가 있습니다. 어떤 사람이 산에 올라갔는데 둥그런 금덩어리를 하나 보았습니다. 그래서 그것을 싸서 집으로 가지고 왔습니다다. 그런데 나중에 알고 보니 금덩어리가 아니고 황금색 뱀이었어요. 황금색 뱀이 서리서리 돌돌 뭉쳐져 있어서 그것을 황금으로 잘못 본 것입니다. 황금으로 본 순간 욕심이 났고, 욕심이 나니까 가지고 온 것이지요. 황금으로 본 것이 미혹이고, 가지고 온 것이 죄업입니다. 그런데 이 뱀이 겨울잠을 푹 자고 깨어나면 어떻게 될까요? 고통이 오는 것입니다.

혹·업·고가 전부 이런 관계입니다. 중생은 괴로움인 줄 모르고, 알고 보면 괴로움인데, 즐거움으로 잘못 보는 것이 미혹인 것입니다. 그래서 미혹을 망견妄見이라 하고 사견邪見이라고 합니다. 이를 합쳐서 번뇌煩惱라고 합니다. 번뇌는 망상妄想이라 번뇌망상煩惱妄想이라고 함께 부르기도 합니다. 이처럼 미혹이 있으면 업이 오고, 업이 있으면 고가 옵니다. 혹·업·고가 늘 따라다닙니다.

삼장은 또 고목나무를 귀신으로 착각한 비유로 설명하기도 합니다. 어떤 사람이 어둑어둑한 밤에 오솔길을 걸어가는데, 길 옆에 말라 죽은 지 오래되어 둥치만 남은 고목나무가 있었습니다. 그런데 그 사람이 그 나무둥치를 귀신이 서 있는 것으로 잘못 보았어요. 거기 귀신이 서 있다고 생각하자마자 무서워져서 도망을 갔습니다. 그렇게 고목나무를 귀신으로 잘못 보는 것이 미혹이고, 무서우니까 도망가는 것이 업입니다. 죽을 힘을 다해서 도망가다가 넘어져서 몸을 다치는 괴로움이 옵니다. 그 사람이 고목나무를 바로 보았으면 무서운 생각이 일어나지 않았을 것이고, 무서운 생각이 일어나지 않았으면 도망갈 일도 없었겠지요. 결국 미혹 망상에서 업과 고가 따르는 것입니다.

깨달음이라고 하는 것은 다른 게 아니라 정견正見입니다. 바르게 보는 것입니다. 정견은 깨달음이고 사견은 번뇌입니다. 번뇌는 번조요동繁躁搖動이라, 번거롭고 조급해서 요동을 합니다. 그래서 뇌란신심惱亂身心이라, 몸과 마음을 아주 고뇌스럽게 하고 혼란스럽게 만듭니다.

번뇌에는 근본번뇌根本煩惱와 지말번뇌枝末煩惱가 있습니다. 무명無明이 근본번뇌이고 그 외는 모두 지말번뇌입니다.

이러한 번뇌 가운데 탐貪·진瞋·치癡를 삼독三毒이라 하여 크게 경계하고 있습니다. 탐욕·성냄·어리석음의 세 가지가 매우 끊기 어렵고, 크게 고통을 초래한다고 해서 삼독이라 부르는 것입니다.

비유로 말하면 진화탐수瞋火貪水라, 성냄은 불과 같고 탐욕은 물과 같습니다. 불이 날 때는 모든 걸 다 태우는 것처럼, 화가 나면 아무것도 보이지 않고 다 태우고 맙니다. 평소 화내지 않는 사람도 크게 화를 내면 화산이 폭발하듯이 엄청 큰 일이 나요. 반면 물은 깊숙하게 계속 흐르고 스며들듯이, 탐심은 좀체로 멈추지 않고 스며들지 않음이 없습니다.

이러한 탐욕과 성냄으로 생기는 고통이 이루 말할 수 없습니다. '그

때 화를 내지 말았어야 했는데'라고 후회하는 경우가 많습니다. 화를 한번 내어서 평생 문제가 되는 경우도 있습니다. 어떤 아버지는 어린 자식이 하도 울어서 화를 참지 못하고 아이를 번쩍 들어 창문 너머로 던지는 바람에 그 아이 몸에 장애가 생겨 부자父子가 평생 고통을 짊어지고 산다고 합니다. 또 어떤 사람은 아내에게 한번 폭력을 썼다가 평생 아내로부터 원망을 듣게 되었다고 합니다. 이렇게 화로 인한 고통이 엄청나게 많습니다.

이처럼 탐욕과 성냄으로 인하여 생기는 고통이 이루 말할 수 없는데, 어리석음에서 오는 고통은 그보다 훨씬 더 많으니, 이것이 전부 어리석어서 생긴 고통이기 때문입니다.

'젊음이 오래 갈 줄 알았는데 금방 지나갔더라.' '좋은 사람인 줄 알았는데 아니더라.' 이렇게 말하는 것도 어리석은 탓입니다. 돌이켜보면 자신과 사이가 좋지 않은 사람도 과거에는 다 좋았던 사람입니다. 나와 좋았던 사람이 아니면 절대 사이가 나빠질 수 없습니다. 그러면 지금 나와 사이가 좋은 사람은 앞으로 나빠질 사람인 것이 세간법입니다. 세간의 모든 고통이 알고 보면 전부 어리석어서 그렇다는 말입니다.

그러면 어리석음이라는 것이 도대체 무엇인가? 우리에게는 본래 참되게 아는 지혜智慧가 있습니다. 그 지혜인 본심本心을 한순간 허망한 생각으로 잃어버리게 된 것입니다.

『기신론起信論』에서는 '진여법眞如法이 하나인 줄을 여실如實하게 알지 못해서 불각심不覺心이 생生한다.'고 합니다. 불각심이 일어나서 허망한 생각이 생긴 이것을 무명이라고 하는데, 무명의 특징이 바로 하나인 줄 모르는 것입니다. 무엇이 하나이냐? 다른 게 없는 것이 하나입니다. 우주 만법이 다른 것이 없고, 하나의 진여眞如뿐인 일진법계一眞法界입니다. 그것을 모르는 것이 근본번뇌인 무명입니다.

무명의 특징은 분별分別하는 것입니다. 이것을 분별심分別心이라고 합니다. 하나인 줄 모르기 때문에 망념妄念이 생기는 것입니다. 망념이 무엇이냐? 예를 들면 중생은 자신의 몸만 중요하게 여겨서 자기 몸만 몸으로 알고 다른 것은 몰라요. 그 자기 생각만 마음으로 알고, 그 생각이 일어나든 안 일어나든, 항상 상주常住하는 참다운 지혜는 모르는 것입니다. 이것이 무명입니다. 자기 몸만 몸으로 아니까 청정법신淸淨法身을 알 수 없습니다. 자기 몸만 몸으로 아는 동시에 청정한 법신을 잃어버렸다고 해서 전도몽상顚倒夢想이라고 합니다. 분별심만을 마음으로 아니까 무분별의 참다운 지혜를 잃어버려서 무명無明이라고 하는 것입니다.

『원각경圓覺經』에서는 공화空華의 비유를 들고 있습니다. 눈병이 난 사람이 허공을 바라보니 허공에 꽃이 피었어요. 이것을 허공 꽃, 공화空華

라고 합니다. 공화는 허공에 실제로 꽃이 있는 것이 아니고 자기 눈병에서 생긴 것입니다. 허공에는 본래 꽃이 없는데, 그 꽃이 왜 보였겠습니까? 자기 눈에서 온 것입니다.

이 몸이 생로병사生老病死가 있고 고통이 있는데 그것이 어디에서 왔는가? 법신法身을 잃어버린 데에서 왔습니다. 법신을 잃어버려서 생로병사의 고통을 느끼게 됩니다. 망상심만을 마음이라고 하는 것은 어떻게 된 것인가? 홀연히 한 생각이 일어나 참지혜를 잃어버린 것에서 왔습니다. 이런 것을 무명번뇌無明煩惱라고 합니다. 이런 무명번뇌에서 깨달음을 얻는 것이 불교입니다.

그러면 깨달음이란 무엇이며 어떻게 깨달을 수 있는가? 깨닫는다는 것은 자기 집에서 자기 집으로 돌아가는 것입니다. 또 자기가 자기를 보는 것이고, 내 눈이 내 눈을 보는 것입니다. 한 번 맞춰 보세요. 자기 눈이 자기 눈을 보는 것을 깨달음이라고 하니, 어떻게 하면 내 눈이 내 눈을 볼 수 있겠습니까?

깨달음은 크게 나누어 두 가지 뜻이 있습니다. 첫째는 외각外覺, 밖으로 깨닫는 것입니다. 밖으로 깨닫는다는 것은 제법이 공함을 보는 것, 관제법공觀諸法空입니다. 밖으로 깨달음이 있으면 일체 만물이 공상空相임을 알게 됩니다. 공상이 무엇이냐? 불생불멸不生不滅입니다. 이 불생불멸의 공상은 생각하는 것이 아니라 그냥 보는 것입니다. 이것이 밖으로 깨닫는 외각입니다.

둘째는 내각內覺, 안으로 깨닫는 것입니다. 이것은 마음이 공적함을 아는 것, 지심공적知心空寂입니다. 단지 외각만으로는 아무리 다 공하다고 해도 공하지 않은 것이 있습니다. 공하다고 보는 그 마음이 하나 남아 있어요. 그것은 온전한 공이 아닙니다.

공부하는 사람들이 대개 밖으로 공한 것만 아는 것에 걸려 있어요. 불생불멸이라고 하는데, 그 불생불멸이라고 하는 마음이 남아 있으면, 한 생각이 일어난 것이거든요. 그것은 생멸입니다. 거기에서 더 들어가 내각을 해야 합니다. 일어나고 사라지는 마음까지 다 공함을 알아야 합니다.

『기신론』에 보이듯이 한 생각 일어나는 미세망념微細妄念까지 다 여의어서 망상을 일으키기 이전의 그 본래 참마음을 보는 것이 바로 깨닫는 것입니다.

밖으로 색·성·향·미·촉·법을 쫓아다니다가 어느 한순간 '이렇게 해서는 끝이 없겠구나. 안으로 청정본심淸淨本心을 찾아가야겠다.'라고 해서, 밖으로 욕심내던 그 망상이 안으로 참마음을 찾으러 들어가요. 이와 같이 청정본심을 찾아가는 것을 수행修行이라 합니다.

수행을 해서 청정본심과 딱 마주칠 때가 있어요. 본래의 심성心性을 보게 됩니다. 구경각究竟覺을 얻은 것입니다. 깨닫기 전에는 깨달으려는 마음이 있고 번뇌 없는 마음을 얻으려는 뜻이 있었는데, 나중에 수행이 깊어지면 망상도 없어지고, 번뇌도 없어지고, 본심이라고 할 것도 따로 없고, 그냥 하나가 되는 것이지요.

깨닫기 전에는 번뇌심이 있고 청정심이 있는데, 청정심을 본 다음에는 번뇌심과 청정심이 따로 없어요. 심체이념心體離念입니다. 청정도인清淨道人은 번뇌니 지혜니 이런 구분이 없습니다. '수행이다', '수행이 아니다'라는 구분도 없습니다. 그래서 수좌首座가 큰마음 먹고 도인을 찾아가서 "도 닦으러 왔습니다."라고 말씀드리면, "이 사람아, 도는 왜 닦으려 하는가?" "멀쩡한데 도를 닦다니, 그게 무슨 소리인고?"라고 하십니다. 그 도를 닦으려고 하는 것이 망상이라는 것입니다.

내 눈이 내 눈을 보는 것도 이와 같습니다. 만약 자기 눈을 잃어버리지 않았다는 것을 안다면 이것이 바로 자기 눈을 보는 것이라고 합니다. 보조지눌普照知訥 1158~1210 스님이 『수심결修心訣』에서 말씀하셨습니다.

> 既是自眼 如何更見 기시자안 여하갱견
> 若知不失 卽爲見眼 약지불실 즉위견안

이미 자기 눈인데 어떻게 다시 본다는 것인가?
만약 잃어버리지 않은 줄 알면 곧 눈을 본 것이다.

그러니까 내가 내 눈을 보는 방법은 내가 내 눈을 보는 것이 아니라, 내 눈을 잃어버린 사실이 없다는 것을 아는 것입니다. 그러면 모든 보는 것이 전부 자기 눈을 보는 것입니다. 이것은 좀 어려운 이야기인데요, 지금은 몰라도 앞으로 알 사람이 있을 테니 걱정할 필요는 없어요.

거듭 말해서 내가 내 눈을 보는 방법이 무엇인가? 이미 내 눈인데 또 무엇을 본다는 것인가? 내 눈을 지금까지 잃어버린 사실이 없다는 것을 알면, 그것이 바로 내 눈을 보는 것입니다. 그렇게 되면 하늘을 보는 것도 바로 내 눈이고, 땅을 보는 것도 내 눈이니, 모든 것이 내 눈이라는 말입니다. 이것이 자기 눈을 보는 방법입니다.

내가 내 마음을 찾는 것도 마찬가지입니다. 『수심결』에서는 이어서 "이미 자기 마음이니, 어찌 다시 알기를 구하겠는가?[既是自心 何更求會]"라고 하셨습니다. 이미 내 마음인데 어디에 가서 내 마음을 찾는다는 말인가? 내 마음이 전혀 달라짐이 없다는 것을 안다면, 그것이 바로 내 마음을 보는 것입니다. 그렇게 알고 나면 하늘도 내 마음이고, 땅도 내 마음이고, 사람도 내 마음입니다. 모든 것을 내 눈으로 본다는 것을 알고 나면 그 모든 것이 전부 내 눈인 것처럼, 모두 다 내 마음으로 한다는 것을 알면 일체가 다 내 마음이지요.

도道 역시 마찬가지입니다. 도를 닦으려면 푹 닦아야 합니다. 마음이 공한 것을 모른다든지, 겨우 색이 공한 것만 아는 것은 아주 어설픈 것입니다. 도라는 생각을 일으키는 것은 도가 아닙니다. 망념을 여의어서 망심도 진심도 없는 그 경지가 구경각究竟覺입니다.

이미 자기 눈인데 다시 보기를 바라거나, 이미 자기 마음인데 자기 마음을 알고자 한다면 알 수가 없다는 것입니다. 따라서 참으로 자기 마음을 안다는 것은 어떤 것인가? '다만 알 수가 없다는 것을 아는 것'이 바로 자기 심성을 보는 것입니다.

若欲求會 便會不得 약욕구회 변회부득
但知不會 是卽見性 단지불회 시즉견성

만약 자기 마음을 알고자 한다면 문득 알 수 없다.
다만 알지 못함을 알면 이것이 곧 견성이다.

보조지눌 스님의 유명한 법문입니다. 자꾸 내 마음을 알려고 하면 이것은 내 마음을 모르는 것입니다. 내 마음을 내가 알 수 없음을 아는 그것이 견성입니다.

여러분, 자기 눈 보는 방법 아시겠어요? 내가 내 눈을 보는 방법은 내 눈이 없어지지 않았다는 것을 아는 것입니다. 그렇게 알고 나면 나무를 보는 것도 내가 내 눈을 보는 것이고, 사람을 보는 것도 내 눈이 내 눈을 보는 것이라는 말입니다. 내 마음이 이미 내 마음인데 내가 어찌 내 마음을 또 알겠습니까. 내 마음은 내가 알 수 없는 것이라고 확실히 아는 그것이 견성見性인 것입니다.

도인들은 보조 스님 법문 중 앞의 두 구절은 빼고, '단지불회但知不會 시즉견성是卽見性'이라는 뒤의 두 구절을 강조하였습니다. 다만 알지 못할 줄 알아야 하는데 자꾸 알 줄만 아는 거예요. 모를 줄 몰라요. 마음을 드러내서 무엇이든 해결하려고 하는 겁니다. 그 마음을 가라앉히면 다 해결되는데 한 생각을 일으키면 해결이 안 됩니다.

모든 문제는 마음 하나 일으킨 데에서 일어났고, 마음 하나 사라진 데에서 다 사라집니다. 모든 문제 해결은 다만 모를 줄 아는 것, 이것이 견성이라는 것입니다. 깨달음이 이렇게 쉽습니다.

이처럼 깨달음이라는 것은 무엇을 알아내는 것이 절대 아닙니다. 망상을 쉬는 것, 그것이 깨달음입니다. 쉬면 밝아져요. 생각이 앞을 가려서 어두운 것이지, 생각을 쉬면 환해집니다. 그것이 자기가 자기 눈을 보는 것과 같고, 내가 나를 보는 것과 같고, 내 집에서 내 집으로 가는 것과 같습니다. 내 집에서 내 집으로 가는 것은 자기 집에서 자기 집을 아름답게 잘 꾸미면 되는 것입니다. 부지런히 공덕만 지으면 된다는 말씀입니다.

마지막으로 중국의 규봉종밀圭峰宗密 780~841 선사가 『원각경대소圓覺經

大疏』에서 하신 법문을 들어 보겠습니다.

   但怪空裏有華   단괴공리유화
   不覺眼中有瞖   불각안중유예
   外嫌身心苦惱   외혐신심고뇌
   不知內畜迷情   부지내축미정

다만 허공 속에 꽃이 있는 것만 이상하게 여기고,
눈에 눈병이 있음을 깨닫지 못한다.
밖으로 몸과 마음의 고뇌만 싫어하고,
안으로 어리석은 생각 가진 줄 알지 못한다.

 밖으로 허공 꽃이 보이는 것은 눈병에서 온 것이듯, 밖으로 고통이 오는 것은 자신의 어리석은 생각에서 오는 것입니다. 이것을 분명히 아는 것이 깨달음이고, 이런 망상이 완전히 소멸된 것이 구경각의 깨달음입니다.

(2010년 5월 27일 방영)

중생심과 마음공부

 마음은 어떤 것이고 마음공부는 어떻게 해야 하는가? 우리가 보통 '나'라고 생각하는 '나'는 오온으로 이루어진 '오온아五蘊我'입니다. 그런데 오온으로 이루어진 이 '나'라는 존재는 '무아無我'이고 '공空'임을 깨달아 일체 고통에서 벗어나도록 하는 가르침이 불교의 근본입니다.

 오온은 색色·수受·상想·행行·식識인데 우리가 늘 지송하는 『반야심경般若心經』에서도 오온이 공함[五蘊皆空]을 설하고 있습니다. 일반적으로 '나'라는 존재는 일단 몸과 마음으로 나누어보는데, 오온 가운데 색이 몸이고 나머지 수·상·행·식이 마음에 배대됩니다.

 색인 몸은 지地·수水·화火·풍風 4대의 화합和合입니다. 그러면 수·상·행·식이라는 것은 무엇인가? 다시 말해서 중생의 마음이란 무엇인가? 마음공부를 어떻게 한다는 것인가? 이 중생심과 마음공부에 대해서 조금 생각해보기로 하겠습니다.

　오온에 대해서는 여러 가지 설명이 있습니다. 그 가운데 인도 세친世親 4~5세기 보살이 지은 『대승오온론大乘五蘊論』에 의하면, 오온 가운데 식識을 전오식前五識, 제육식第六識, 제칠식第七識, 제팔식第八識의 8식으로 설명합니다. 수·상·행, 세 가지는 8식을 왕으로 모시고 항상 따라다닌다고 해서 심소心所라고 합니다. 심소의 소所는 장소라는 뜻입니다. 심왕心王인 8식이 가는 곳마다 항상 따라다녀서 심왕과 늘 함께 있는 마음작용이 심소입니다. 그 마음작용은 51심소라고, 쉰 한 가지나 됩니다. 이 심왕과 심소를 합하면 59가지입니다.

　그리고 마음과 완전히 떨어져 있는 것도 아니고, 또 색에 국한되어 있는 것도 아닌 심불상응행心不相應行까지 합하면 중생심이 굉장히 복잡하다는 것을 짐작할 수 있습니다.

　마음 작용인 51심소 가운데 가장 먼저 언급되는 것이 변행심소遍行心所입니다. 변행심소는 어디든지 끼지 않는 곳이 없기 때문입니다. 변행은 두루 변遍, 다닐 행行 자입니다. 선이든 악이든 할 것 없이 항상 작용하는 마음인 이 변행심소에 5가지가 있어요. 의意·촉觸·수受·상想·사思입니다.

　첫 번째 의意라는 심소는 작의作意입니다. 작의라 함은 기심취경起心就境, 마음을 일으켜서 경계에 나아가는 것입니다. 중생의 마음은 항상 대상을 향해서 나아가는 성질이 있습니다. 대상을 향해서 나아가지 아니하면 중생심衆生心이 아닙니다. 중생은 항상 어딘가로 가고 있습니다. 낮이나 밤이나 가고 있습니다. 그것이 작의의 중생심입니다.

두 번째 촉觸은 작심촉경作心觸境을 해요. 마음을 항상 써서 경계와 접촉을 합니다. 중생심은 이렇게 가만히 있지 못합니다. 자꾸 마음을 일으키고 또 늘 대상과 접촉하는 그것이 촉의 중생심입니다.

세 번째 수受는 경상납수境像納受라고 해서 경계의 모양을 늘 받아들입니다. 경계의 대상을 받아들이는 것은 삼수三受로만 해요. 고수苦受, 낙수樂受, 사수捨受입니다. 경계를 보고 나쁘다고 느끼면 '괴로울 고苦', 고수입니다. 좋다고 느끼면 '즐거울 락樂', 낙수입니다. 좋지도 않고 나쁘지도 않고 별로 관심이 가지 않는 불고불락은 '버릴 사捨', 사수라고 합니다. 이렇게 항상 느낌이 있는 것이 수의 중생심입니다.

네 번째 상想은 취상작명取相作名을 해요. 늘 경계의 대상에 모양을 그려내는 것입니다. 물건을 보면 상의 작용이 일어납니다. 여기 놓인 동그란 것을 보면 쟁반 같고, 죽은 나무를 보면 귀신 같다는 등으로 그려냅니다. 그리고 상이 발달해 온갖 이름을 지어내니, 이름은 전부 상의 작용입니다. 상이라는 중생심이 없으면 일체 명칭, 개념, 표현 등이 없습니다. 이것이 상의 중생심입니다.

마지막으로 다섯째 사思는 조작하는 성격이 있습니다. 조작선악造作

善惡이라, 좋은 일도 만들고 나쁜 일도 만듭니다.

이처럼 유가유식瑜伽唯識에서 설명하는 변행심소 다섯 가지만 보더라도 중생심의 성격이 어떤 것인지 짐작할 수 있습니다. 대상인 경계를 향해 나아가고, 경계와 접촉을 하고, 대상을 받아들여 느끼고, 표현하고, 만든다는 것입니다. 이것이 오온 중에서 수受와 상想에 해당합니다.

그러면 남은 행行은 무엇일까요? 행은 수·상·식 빼고 나머지 모든 중생심에 대한 온갖 것들을 한꺼번에 표현한 글자입니다. 행 중에는 번뇌煩惱가 있습니다. 번뇌는 근본번뇌根本煩惱를 여섯 가지로 설명하고, 근본번뇌를 따라오는 수번뇌隨煩惱를 20가지로 설명합니다. 탐·진·치는 모두 근본번뇌에 해당합니다. 의심疑心도 근본번뇌입니다. 오만傲慢 역시 근본번뇌입니다. 자기만 인정하고 다른 이를 인정하지 않는 것이 만慢입니다. 중생의 마음이라는 것이 이렇게 생긴 것을 알아야 합니다.

예를 들면 이렇습니다. 어떤 할머니가 아들 집에 갔습니다. 아들이 주방에서 음식도 만들고 설거지도 하고 청소도 하는 것을 보니까 이 할머니가 속이 몹시 상해서 밥도 먹는 둥 마는 둥 하고 나와버렸습니다. 이번에는 딸 집으로 갔습니다. 딸 집에 갔더니 사위가 역시 설거지도 하고 음식도 만들고 청소도 합니다. 사위가 하는 모습을 보니까 기분이 참으로 좋았습니다. 아들 집에서 상했던 속이 그냥 풀려서 그렇게 좋을 수가 없었다고 합니다.

  왜 아들이 집안일을 하면 기분이 나쁘고 사위가 집안일을 하는 건 기분이 좋을까, 이것이 문제입니다. 중생심이 이런 것입니다. 좋은 일은 자기한테 돌리고, 나쁜 일은 다른 사람에게 돌리는 것이 중생심입니다. 이것을 구조적으로 이해해야 합니다. 이런 중생심이 완전히 개선되지 않는 한, 대단한 것을 바라면 반드시 실패합니다. 자기에게 집착하는 데에서 나오는 것이 중생심이라서, 사위가 집안일 하는 것은 기분이 좋고, 내 아들이 집안일로 고생하는 것이 그렇게 기분 나쁠 수가 없는 것입니다.

  이런 분도 계십니다. 자기 남편이 종종 라면을 직접 끓여 먹는데 자기 아들도 툭하면 라면을 끓여 먹더라는 것입니다. 그래서 아들에게 "라면 같은 걸 끓여 먹지 말라."고 하니까, 아들이 "아버지도 끓여 드시는데 왜 나는 끓여 먹으면 안 됩니까?"라고 대답하더랍니다. 그 다음부터는 남편에게도 끓여 먹지 말라고 했대요. 남편이 라면을 끓여 먹는 것은 전혀 기분이 나쁘지 않았는데, 아들이 계속 라면을 끓여 먹으니까 기분이 묘하더라는 것입니다. 그래서 못하게 했다고 합니다. 남편을 생각하는 마음과 아들을 생각하는 마음을 비교할 때 누가 더 남이겠습니까? 남편이 더 남인가, 아들이 더 남인가? 이것이 중생심입니다.

  우리 어머니도 젊으실 때는 아버지에 대한 말씀을 절대 나쁘게 하지 않았는데 나이가 드니까 조금씩 아버지의 나쁜 이야기를 해주셨습니다. 젊을 때 전혀 듣지 못했던 이야기를 나이가 들어서 듣게 되었습니다. 왜 그런가. 나이가 들면 자기 통제의 능력이 풀어집니다. 젊을 때는 하고 싶은 이야기라도 통제해서 하지 않았는데 나이가 드니까 자기를 통제하는 긴장감이 서서히 풀어져서 그냥 술렁술렁 다 하는 것입니다. 꼭 치매가 와서 하는 이야기가 아닙니다. 연세가 들고 보니 남편에 대해서 좋지 않은 이야기도 하게 되었습니다. 그때 이런 생각이 들었습니다. '아내도 너무 믿어서는 안 되는 것이구나.' 그것이 중생심입니다.

이러한 중생심이 언제 완전히 개선되는가. 나에게 집착하는 마음인 아집심我執心은 보살십지菩薩十地 중에서도 칠지七地에 올라가야 없어집니다. 8식에는 '장식藏識'이라는 기능이 있습니다. '저장할 장藏'입니다. '나'라고 집착하는 것을 집장執藏이라고 합니다. '나'라고 집착하는 장식 기능은 칠지에서 없어집니다.

그리고 종자식種子識, 이숙식異熟識이 있습니다. 보고 들은 것은 종자에 저장됩니다. 이숙이라는 것은 경우에 따라서 좋은 일이라도 나쁜 일로 바뀌는 것입니다. 이런 일이 아주 많습니다. 예를 들면 아버지가 굉장히 부지런하셨습니다. 그런데 자식은 그 부지런한 모습이 너무 싫었습니다. 부지런한 모습이 싫어서 게을러진 것입니다. 이런 것이 이숙입니다. 그런가 하면 아버지께서 술을 굉장히 많이 드셨는데 자기는 그런 술 마시는 모습이 싫었습니다. 그래서 자기는 술을 먹지 않게 되었다면 이것이 이숙입니다.

이러한 종자식과 이숙식은 십지가 끝나고 등각^{等覺}에 올라야 없어진다는 말씀이 현장$_{玄奘\ 602?~664}$ 스님의 「팔식규거송$_{八識規矩頌}$」에 보입니다.

不動地前纔捨藏　부동지전재사장
金剛道後異熟空　금강도후이숙공
大圓無垢同時發　대원무구동시발
普照十方塵刹中　보조시방진찰중

부동지 이전에 겨우 장식을 버리고,
금강도 후에 이숙식이 공해지며,
대원경지와 무구식이 동시에 발생하여
널리 시방의 모든 세계를 비춘다.

부동지는 제팔지이고, 금강도는 등각입니다. 대원경지라는 지혜는 제팔식이 변해서 되고, 식이 완전히 맑아지면 무구식입니다. 장식이 없어지고 이숙식이 사라지며, 대원경지와 무구식이 동시에 일어나면 구경각입니다. 그렇게 되면 시방의 모든 세계를 두루 비춘다는 게송입니다.

불교에서는 무엇을 알아낸다든지 무엇을 이루어내는 것을 마음공부라고 하지 않습니다. 이것이 아주 중요합니다. 그러면 마음공부라는 것은 무엇일까요? 마음은 닦는다고 표현합니다. 불교의 마음공부는 정심淨心 공부입니다. '깨끗할 정淨', '마음 심心', 마음을 깨끗하게 하는 공부입니다. 그리고 '쉴 식息', '마음 심心', 식심息心 공부입니다.

마음을 푹 쉬면 중생의 업이 녹습니다. 또 마음이 깨끗해지면 중생의 업이 녹습니다. 그것이 마음공부입니다. 그래서 늘 자정기심自淨其心, 스스로 그 마음을 맑히라고 했습니다.

악을 짓지 않고 선을 짓는 것만으로는 중생 세계를 벗어나지 못합니다. 그 마음을 스스로 맑힐 때 윤회에서 벗어나고, 생사고를 벗어나게 됩니다. 그것이 마음공부입니다.

그렇다면 중생의 마음을 맑히는 방법이 무엇일까요? 보통 '참선하면 된다', '기도하면 된다', '좋은 일을 하면 된다'고 합니다. 다 마음을 맑히는 방법 가운데 하나입니다. 그런데 그 중에서도 가장 기초적인 방법이 있습니다. 그 방법을 『금강경金剛經』에서 다음과 같이 설명하고 있습니다.

應如是生淸淨心 응여시생청정심

不應住色生心 불응주색생심

不應住聲香味觸法生心 불응주성향미촉법생심

應無所住 而生其心 응무소주 이생기심

마땅히 이와 같이 청정심을 낼지니
색에 머물러 마음을 내지 말며
성·향·미·촉·법에 머물러 마음을 내지 말라.
응당히 머무르는 바 없이 그 마음을 내야 한다.

  청정심을 내는 그것이 마음공부입니다. 청정심을 내는 것은 어떤 색에 머물러서 마음을 내지 않고, 성·향·미·촉·법에 머물러서 마음을 내지 않는 것입니다. 이것이 정심 공부의 기본입니다. 마음이 혼탁해진다는 것은 머물렀기 때문입니다. 마음이 머무르지 않으면 혼탁하지 않습니다. 머무른다는 것은 좋아하고 싫어하는 마음을 일으키는 것입니다. 그러한 애증심愛憎心을 일으키지 아니하는 것이 청정심입니다. 어디에 애증을 일으키는가? 색·성·향·미·촉·법입니다. 눈으로 볼 때 좋다고 집착한다든지 나쁘다고 싫어한다면 애증입니다. 듣는 것도 마찬가지입니다.

  그러면 어떻게 그 마음을 낸다는 것입니까? 「이상적멸분離相寂滅分」 제

14에 보면 '응생무소주심應生無所住心, 응당 머무르는 바 없는 마음을 내라.'고 합니다. 또 '약심유주 즉위비주若心有住 卽爲非住, 만약 마음이 머무름이 있으면 곧 머무르는 것이 아니다.'라고 합니다. 이 말씀은 색·성·향·미·촉·법에서 좋아하고 싫어하는 것에 집착하면 자기 보리심, 자기 반야심, 자기 청정심에 머무르지 못한다는 것입니다. 그래서 머무르는 데가 있으면 머무르는 것이 아닙니다. 만약 이 마음이 자꾸 밖으로 향해서 무엇을 좋아하고 싫어하다 보면 자기 마음에 머무르지 못합니다. 비유로 말하면 자기 집에서 나그네 생활을 하는 것이고, 주인이 머슴살이하는 것입니다. 이것이 색·성·향·미·촉·법을 쫓아다니는 것입니다.

한마디로 말해서 마음을 조용하게 갖고 청정하게 가지려면 보지도 말고, 듣지도 말고, 냄새 맡지도 말고, 맛보지도 말고, 접촉하지도 말고, 생각하지도 말고, 이렇게 살면 되는 것입니다. 그런데 그렇게 살 수 있을까요? 물론 보지 않고 듣지도 않으면 될 것도 같습니다. 혹 '내가 그 꼴을 보지 말아야지.'라고 하는데 그러면 도망가는 것입니다. 그리고 아예 보지도 않고 듣지도 않는다면 나무나 돌[木石]과 같은 것입니다. 그렇게 듣지 말고 보지 말라는 말이 아닙니다.

그러면 어떻게 한다는 것입니까? 보면서 보지 않는 방법이 있습니다. 그것이 '응무소주 이생기심應無所住 而生其心', 머무르는 바 없이 그 마음을 내는 것입니다. 보면서 보지 않고, 들으면서 듣지 않고, 냄새를 맡으면서 냄새를 맡지 않는 방법입니다. 이 점에 대해 『돈오입도요문론頓悟入道要門論』에서 당나라 혜해慧海 스님은 이렇게 말씀하셨습니다.

云何是無所見 운하시무소견

어떤 것이 보는 바가 없는 것인가?

若見男子女人及一切色像 약견남자여인급일체색상
於中不起愛憎 어중불기애증
與不見等 여불견등
卽是無所見也 즉시무소견야

남자와 여인과 일체의 색상을 보더라도
그것에 애증심을 일으키지 않아서
보지 않는 것과 같으면

곧 보는 바가 없는 것이다.

이것이 묘법입니다. 눈으로 보지 말라는 것이 아니라, 눈으로는 보되 마음으로 애증심을 일으키지 않아서 보지 않는 것과 다르지 아니하면 그것이 보지 않는 것이라는 뜻입니다. 내가 무엇인가를 보았다는 건 본 것입니다. 보지 않으려고 눈을 감는 것이 아닙니다. 보긴 보았습니다. 그런데 보지 않는 도리가 있는 것입니다. 좋다는 집착, 나쁘다는 집착을 일으키지 않으면 보더라도 보지 않는 것입니다. 보더라도 보지 않는 것과 같습니다. 이것이 보는 바가 없는 것입니다. 이것이 아주 중요합니다.

보는 것이 허물이 아니라 좋다는 집착과 나쁘다는 집착을 일으키는 것이 허물입니다. 그래서 보더라도 애증심을 일으키지 않아서 보지 않는 것과 같으면, 이것이 보는 바가 없는 것입니다. 보지 않은 것으로 마음을 조용히 하는 것이 아니라, 보더라도 애증이나 집착을 일으키지 아니하면 그것이 보지 않은 것입니다.

듣는 것도 똑같습니다. 듣더라도 좋다는 집착과 나쁘다는 집착을 일으키지 않아서 듣지 않는 것과 다를 바가 없으면 이것이 듣지 않은 것입니다. 냄새 맡는 것 등도 마찬가지입니다. 이것이 '응무소주 이생기심應無所住 而生其心'입니다.

마음을 낸다는 것은 만들어내는 것이 아닙니다. 현발하는 것, 즉 드러내는 것을 생生이라는 글자로 쓴 것입니다[顯發之爲生]. 없는 것이 나오는 것이 아니라 있는 그대로의 청정심을 드러내는 것입니다. 좋아하고 싫어하는 것 없이 그냥 본래 마음을 그대로 드러내면, 그것이 '응무소주 이생기심'입니다.

이것을 중국의 신회神會 684~758 선사는 '육진삼매六塵三昧'로 설명하셨습니다. 육진인 색色·성聲·향香·미味·촉觸·법法을 안眼·이耳·비鼻·설舌·신身·의意 육근이 상대하되, 좋다는 집착과 나쁘다는 집착을 일으키지 아니하는 것을 육진삼매라고 합니다.

이러한 육진삼매 낱낱에 대한 내용을 살펴보겠습니다.

若眼見色 善分別一切色 약안견색 선분별일체색
不隨分別起 불수분별기
色中得自在 色中得解脫 색중득자재 색중득해탈
色塵三昧足 색진삼매족

눈으로 색을 보고 일체 색을 잘 분별하되
따라서 분별을 일으키지 아니하면
색에서 자재를 얻고 색에서 해탈을 얻는다.

색진삼매가 구족하다.

　분별에 선분별善分別과 수분별隨分別이 있습니다. 선분별은 '이것은 나무다, 저것은 사람이다, 이것이 할 일이다, 저것이 할 일이 아니다.'는 등으로 분별하는 것입니다.

　그런데 수분별은 따라서 분별하는 것으로, 두 번째 마음입니다. '이것은 나쁘다, 반드시 버려야 한다, 이것은 좋다, 반드시 구해야 한다.'며 애증으로 집착하는 것입니다. 이러한 수분별을 일으키지 않으면 어떻게 되는가? 눈으로 색을 보고 일체 색을 잘 분별한 상태에서 색에서 자재를 얻고 색에서 해탈을 얻는다는 것입니다. 그래서 색진삼매가 구족하다고 했습니다. 남은 5진도 다 똑같습니다.

　　　耳聞聲 善分別一切聲　이문성 선분별일체성
　　　不隨分別起　불수분별기
　　　聲中得自在 聲中得解脫　성중득자재 성중득해탈
　　　聲塵三昧足　성진삼매족

　　　귀로 소리를 듣고 일체 소리를 잘 분별하되
　　　따라서 분별을 일으키지 않으면

소리에서 자재를 얻고 소리에서 해탈을 얻는다.
성진삼매가 구족하다.

鼻聞香 善分別一切香 비문향 선분별일체향
不隨分別起 불수분별기
香中得自在 香中得解脫 향중득자재 향중득해탈
香塵三昧足 향진삼매족

코로 냄새를 맡고 일체 냄새를 잘 분별하되
따라서 분별을 일으키지 않으면
냄새에서 자재를 얻고 냄새에서 해탈을 얻는다.
향진삼매가 구족하다.

舌嘗味 善分別一切味 설상미 선분별일체미
不隨分別起 불수분별기
味中得自在 味中得解脫 미중득자재 미중득해탈
味塵三昧足 미진삼매족

혀로 맛을 보고 일체 맛을 잘 분별하되

따라서 분별을 일으키지 않으면

맛에서 자재를 얻고 맛에서 해탈을 얻는다.

미진삼매가 구족하다.

身覺種種觸 善分別一切觸 신각종종촉 선분별일체촉

不隨分別起 불수분별기

觸中得自在 觸中得解脫 촉중득자재 촉중득해탈

觸塵三昧足 촉진삼매족

몸으로 종종의 촉감을 느끼고 일체 촉감을 잘 분별하되

따라서 분별을 일으키지 않으면

촉감에서 자재를 얻고 촉감에서 해탈을 얻는다.

촉진삼매가 구족하다.

意分別一切法 의분별일체법

不隨分別起 불수분별기

法中得自在 法中得解脫 법중득자재 법중득해탈

法塵三昧足 법진삼매족

뜻으로 일체법을 분별하되
따라서 분별을 일으키지 않으면
법에서 자재를 얻고 법에서 해탈을 얻는다.
법진삼매가 구족하다.

　이와 같은 것이 육진삼매입니다. 안·이·비·설·신·의로 색·성·향·미·촉·법을 다 구분하고 다 인식합니다. 이것은 선분별입니다. 그 다음의 수분별만 하지 않으면 됩니다. 육진을 따라서 좋다든지, 나쁘다든지, 반드시 취해야 한다든지, 반드시 버려야 한다든지, 이런 애증취사심愛憎取捨心 때문에 문제가 되는 것입니다. 그것이 속박이고 그것이 윤회입니다. 애증취사심만 일으키지 않으면 낱낱이 다 해탈입니다.

　서산西山 1520~1604 스님도 '어안유불착색공부於眼有不着色工夫, 눈에는 색에 집착하지 않는 공부가 있다.'고 하셨습니다. 눈도 공부해야 합니다. 물건을 보더라도 보고 끝내야 합니다. '좋다, 내 것으로 만들어야겠다.'라는 데서 고통이 오는 것입니다. 그래서 눈에는 색에 집착하지 않는 공부가 있습니다. 그리고 '어이유불착성공부_{於耳有不着聲工夫}, 귀에도 소리에 집착하지 않는 공부'가 있습니다. 보고 듣되, 애증이나 집착만 일으키지 않으면 그것이 자재이고 해탈이라고 했습니다. 이것이 모두 마음공부입니다.

이러한 것이 무주공부_{無住工夫}, 머무름이 없는 공부입니다. 무주면 정심_{淨心}이고 해탈입니다. 마음을 물로 씻어서 맑히겠습니까? 마음을 세제로 씻어내겠습니까? 다만 집착을 일으키지 아니하면 그것이 정심이고, 그것이 육진삼매이고, 그것이 해탈입니다. 이러한 가르침은 중국의 조사선을 일으키는 데 중요한 토대가 되었습니다. 그 토대가 『금강경』입니다.

신회 선사는 또 '공적지심 영지불매_{空寂之心 靈知不昧}'라는 가르침도 남겼습니다. 마음에 오온심_{五蘊心}과 공적심_{空寂心}이 있습니다. 오온심은 집착하는 아집심_{我執心}입니다. 그런데 아집심을 찾아보면 없어요. 공적합니다. 그것을 공적심이라고 합니다. 공적심은 신령스럽게 알아서 어둡지 않습니다. 그래서 공적하고 신령스럽게 아는 공적영지_{空寂靈知}의 마음은 망념이 없고 형상도 없습니다. 이와 같이 망상과 집착만 하지 않으면 그것이 마음공부인 것입니다.

망상과 집착에 따라가지 않는 방법이 무엇인가? '염기즉각_{念起卽覺}, 망상심이 일어나면 곧 알라.'는 것입니다. '아, 내가 쓸데없는 집착을 일으키는구나.' 하고 바로 알라는 것입니다. 그래서 '각지즉무覺之卽無, 알면 곧 없다.'고 합니다. 망상妄想은 뿌리가 없는 것이기 때문에 알면 바로 없습니다. 이것이 기본입니다. 망상을 두려워하지 마십시오. '아, 망상이 일어났구나.'라고 바로 알면 망상이 사라집니다. 이 생각 저 생각 등, 생각은 한없이 일어납니다. 그런 것에 두려워하지 말고 바로 알아차리시기 바랍니다. '즉각卽覺'은 '각찰覺察'이라고도 합니다. 알아서 살피라는 것입니다. 알아서 살피면 곧 없는 것입니다.

좋아하고 싫어하는 것만 없으면 눈으로 무엇을 보아도 그것이 해탈입니다. 어떤 기억이 나도 기억이 나는 것을 따라가지 않으면 바로 그것이 해탈입니다. 그래서 마음공부의 기본은 집착이 없는 것입니다. 집착심에서 벗어나면 그것이 근본적으로 마음공부를 하는 것임을 명심해야 합니다.

(2010년 7월 1일 방영)

나는 누구인가

'나는 누구인가?' '나는 누구인가!'

예로부터 큰스님들이 '나'에 대한 법문을 많이 하셨습니다. 그런데 일반적으로 우리가 생각하는 '나'와는 다르게 말씀하셨습니다.

보통 "누구세요?"라고 물으면 "○○○입니다."라고 하는데 그것은 명칭의 '나[我]'입니다. 이름이라는 것은 보이지 않을 때 자기를 알리는 것입니다. '이름 명名' 자를 보면 저녁 석夕에 입 구口 자이거든요. 저녁은 안 보이는 시간대이니 사람이 와도 얼굴이 안 보이니 누군지 모르잖습니까? 그럴 때 이름을 대면 안다는 것입니다. 우리는 이렇게 평생 이름을 가지고 살아갑니다.

또는 "누구세요?"라고 물으면 "수도 검침 나왔습니다." "택배입니다." "등기 왔습니다."라고 대답하는데 그것은 역할의 '나[我]'입니다. 나는 등기 배달하는 사람이다, 수도 검침하는 사람이다, 택배 가지고 온 사람이다, 이런 뜻입니다.

또 어떤 사람은 "앞집입니다." "누구의 아버지입니다." "누구의 아들입니다." 이렇게 말합니다. 이것은 순전히 다른 사람에 의해서 인식되는 '나'입니다. 아버지가 없으면 아들이 성립되지 않고 아들이 없으면 아버지가 성립되지 않습니다. 내가 다른 사람의 누구라고 인식되는 '나'입니다.

옛날 큰스님들께서 '나'에 대해 말씀하신 것은 그와 같은 '나'가 아닙니다.

"네가 나를 보느냐?"
"네. 봅니다."
"무엇이 보느냐?"
"눈이 봅니다."
"그러면 금방 죽은 사람의 눈도 나를 보겠느냐?"
"보지 못합니다."
"눈은 똑같은데 왜 못 보느냐?"
"그러면 무엇이 봅니까?"
"보는 그 놈이 무엇인지 그것을 찾아라."

이것이 '나'에 대한 법문입니다.

통도사 경봉鏡峰 1892~1982 큰스님께서 하루는 법상에서 "내가 며칠 전 부산에 가서 택시를 탔는데 그 택시 운전수에게 법문했다."라고 말씀하셨어요. 얼마 전까지는 기사를 운전수라 했습니다.

"이보시오. 운전수 양반."
"네."
"내가 할 말이 있소."
"무슨 말씀이신데요?"
"이 자동차는 운전수가 운전을 안 하면 못 가지요?"
"그렇습니다."
"그렇다면 운전수 양반의 운전수는 누구요?"

이것이 '나'에 대한 큰스님의 법문입니다. 자동차는 운전수가 운전하지 않으면 움직일 수 없습니다. '그렇다면 운전수 양반의 운전수는 누구인가?' 그것이 법문입니다. 운전수 양반이 어떤 대답을 했겠습니까? 아마 대답하기 어려웠을 겁니다. 또 이런 말씀도 하셨습니다.

"길 가던 나그네가 남의 집에 가서 하루 저녁을 자고 가도 그

이튿날 갈 때 주인을 찾아보지 않으면 무례한 사람이다. 그런데 우리는 이 몸을 가지고 평생을 살면서 이 몸의 주인이 누구인지 찾아보지 않고 모르고 죽는다. 그렇게 무례할 수가 있나!"

이런 것이 '나'에 대한 법문입니다. 어렵지요? 참 심오합니다. 그래서 오늘은 '나'에 대해서 몇 가지로 나누어서 말씀드리겠습니다.

첫째, '생멸生滅의 나'입니다. 나는 태어나고 죽는 존재입니다. 생일날 태어나서 제삿날 죽는 것이지요. 우리는 생일날은 있는데 아직 제삿날은 없습니다. 동아시아에서는 생일날보다 제삿날을 더 중시하는 경향이 있습니다. 보통 몇 대 조 할아버지 생신이 언제인지는 족보를 보아야 알지 그냥은 잘 모릅니다. 그것은 '생미백년生未百年이요 사후천년死後千年이라', 살아서는 백년이 안 되지만 죽어서는 천년을 간다는 인생관 때문입니다. 그래서 죽을 때 어떻게 죽느냐는 것이 굉장히 중요한 것입니다. 그런데 제삿날이 언제 돌아올지 기약은 없어요. 이것이 생멸입니다. 생멸은 무상無常합니다. 생멸은 생로병사生老病死입니다. 우리는 생로병사하는 '나'로 살아가는 생멸의 존재입니다.

『열반경涅槃經』에 이런 말씀이 있습니다.

一切諸世間　일체제세간
生者皆歸死　생자개귀사

일체의 모든 세간이
난 것은 모두 죽음으로 돌아간다.

夫盛必有衰　부성필유쇠
合會有別離　합회유별리

왕성한 것은 반드시 쇠퇴함이 있고
만나면 헤어짐이 있다.

왕성한 것은 다 쇠퇴해버립니다. 만난 이는 헤어집니다. 그래서 지금 만나서 잘 지내는 사람은 곧 헤어질 사람입니다. 또 지금 왕성한 것은 나중에 쇠퇴해버립니다. 이것이 생멸법입니다. 모든 것은 변화하고 소멸하니 이 수명도 또한 그러합니다. 이것이 '생멸生滅의 나'입니다.

둘째, '오온五蘊의 나'입니다. 오온은 공상空相이고, 공상은 불생불멸不生不滅입니다. 오온은 색色・수受・상想・행行・식識인데 색은 몸이고,

수·상·행·식은 정신입니다. 그리고 식은 8식八識으로 심왕心王이고, 수·상·행은 심왕을 늘 따라다니는 심소心所입니다.

『반야심경般若心經』에 "관자재보살이 깊은 반야바라밀다를 실행하실 때 오온이 다 공함을 비추어보고[照見] 일체고액一切苦厄을 건너느니라."는 구절이 나옵니다. 반야에는 문자반야文字般若가 있고, 관조반야觀照般若가 있고, 실상반야實相般若가 있습니다. 기록으로 남겨놓는 것이 문자이고, 마음으로 살펴보는 것이 관조입니다. 실상은 실제의 세계입니다. 그리고 오온은 색·수·상·행·식이고, 비추어 본다는 조건照見은 '꿰뚫어 본다'라는 뜻입니다. 꿰뚫어 본다는 것이 무엇입니까? 그것은 예를 들면 얼음을 얼음으로만 보지 않고 물로도 보는 것입니다. 사람을 볼 때 태어남만 보지 않고 죽는 것도 보는 것이고, 만남을 볼 때 만나는 것만 보지 않고 헤어지는 것도 보는 것이며, 생일날만 보지 않고 제삿날까지도 보는 이러한 것이 꿰뚫어 보는 것이지요.

오온은 일체 모든 것인데 이 오온을 꿰뚫어 보면 다 공空하다고 합니다. 중생이 왜 고통을 느끼는가? 오온이 공함을 보지 못하는 까닭에 고통이 오는 것이니, 오온이 공함을 보면 모든 고통에서 벗어납니다. 이것이 일체의 고통액난에서 벗어난다는 뜻입니다.

오온이 공하다는 의미가 『반야심경』에서 다음과 같이 이어집니다.

"사리자여,

이 제법의 공상은 나지도 않고 멸하지도 않고 [不生不滅]

더럽지도 않고 깨끗하지도 않고 [不垢不淨]

늘어나지도 않고 줄어들지도 않는다 [不增不減]."

제법인 오온법이 공한 내용을 불생불멸이요, 불구부정이요, 부증불감이라고 합니다. 이것이 공상空相입니다. 공이라고 하는 내용이 불생불멸인 것입니다. 우리는 불생불멸이 아니라 유생유멸有生有滅입니다. 생일날이 있으면 태어났다는 것 아닙니까? 제삿날이 있으면 죽었다는 것 아닙니까? 이렇게 우리가 느끼는 것은 유생유멸인데, 반야에 있어서 실상반야를 실행하게 되면 유생유멸에서 불생불멸을 꿰뚫어 봅니다. 이것이 조견照見입니다.

또 우리가 볼 때는 더러운 것이 있고 깨끗한 것이 있습니다. 그런데 공상은 더러운 것도 없고 깨끗한 것도 없습니다. 우리가 볼 때는 늘어나는 것도 있고 줄어드는 것도 있습니다. 그런데 실상반야를 보게 되면 늘어나는 것도 없고 줄어드는 것도 없습니다. 이것이 '나는 누구인가?'에 대한 두 번째 답입니다.

거듭 말해서 나는 누구인가? 나는 오온이다. 오온은 무엇인가? 공상이다. 공상은 무엇인가? 불생불멸이다. 이와 같이 첫째 '나'는 생로병사, 둘째 '나'는 불생불멸인 것입니다.

그러면 불생불멸은 무엇인가? 이 세상의 말과 생각으로는 불생불멸에 접근할 수가 없습니다. 불생불멸이라고 말을 할 때 벌써 '불생'이라는 말이 생겼으니, 이미 불생이 아닙니다. 또 어떤 말이라도 그 말은 사라집니다. 그래서 불멸이 아닙니다. 무슨 생각을 일으켜도 한 생각이 일어난 이상 그것은 불생불멸이 아닙니다. 이것을 알아야 합니다. 말과 생각으로 불생불멸을 논하면 천만년을 논해도 불생불멸에 들어가지 못합니다. 왜냐하면 생각과 말 자체가 생멸이기 때문입니다.

불생불멸은 개념도 아니고 언어도 아닙니다. 그것은 열쇠이고, 달을 가리키는 손가락입니다. 열쇠는 열어야 하고 달을 가리키는 손가락은 그 손가락을 통해서 달을 보아야 의미가 있습니다. 손가락이 달은 아니지 않습니까. 불생불멸의 체험은 바로 실상반야에 들어가야 합니다. 실상반야에 들어갔을 때 불생불멸입니다.

셋째, '불성佛性의 나'입니다. 불성은 상주常住이고 상주는 상락아정常樂我淨입니다. 일체 중생에게 다 불성이 있습니다. 불성은 바로 부처님이니, 중생에게 다 부처님이 있다는 뜻입니다. 생로병사에서 불생불멸로, 불생불멸에서 더 깊이 들어가면 불성상주佛性常住입니다. 항상 머무르는 것이 불성입니다. 예불할 때도 상주하시는 부처님께 예경합니다. 시방삼세十方三世 제망찰해帝網刹海 상주일체常住一切 불타야중佛陀耶衆에게

지심귀명례 하잖아요.

실상實相의 세계가 상주이니 현상의 세계는 나고 죽는 것이 있는데, 바로 거기에 불생불멸의 실상이 있습니다. 불생불멸의 상주는 상락아정常樂我淨입니다. 상락아정은 항상하고, 즐겁고, 참나이고, 늘 깨끗하다는 뜻입니다. 이 상락아정이 불성상주의 '나'입니다.

상락아정을 설명한 기본 경전이 『열반경』입니다. 『열반경』은 소승열반경도 있고 대승열반경도 있습니다. 대승열반경 중에는 40권 『대반열반경』과 36권 『대반열반경』이 있습니다. 우리나라에서는 대부분 36권의 『열반경』을 많이 읽습니다. 『열반경』의 「여래성품如來性品」에 아래와 같은 말씀이 있습니다.

>   我者 卽是如來藏義 아자 즉시여래장의
>   一切衆生 悉有佛性 卽是我義 일체중생 실유불성 즉시아의
>   如是我義 從本已來 여시아의 종본이래
>   常爲無量煩惱所覆 상위무량번뇌소부
>   是故衆生 不能得見 시고중생 불능득견

나라는 것은 곧 여래장의 뜻이다.
일체 중생이 다 불성이 있으니 곧 '나'라는 뜻이다.

이 같은 나라는 뜻은 처음부터

항상 한량없는 번뇌에 덮인 바이니

그러므로 중생들이 능히 보지 못한다.

일체 중생에게 불성이 있는데 처음부터 항상 번뇌에 덮여 있어서 보지 못하니 여래장如來藏입니다. 날씨로 말하면 해가 뜨면서 동시에 구름 낀 날도 있고, 바람 부는 날도 있는 것과 같습니다. 낮이 있으면 밤도 있듯이 이 불성이 처음부터 번뇌에 덮여 있었다는 것입니다. 아주 재미있는 내용입니다. 밤이 되면 해를 보지 못하는 것처럼 번뇌 때문에 불성을 보지 못한다는 말씀입니다. 또 바다가 있으면 으레 파도가 있는데 파도 때문에 바다를 보지 못하는 것과 같다는 것입니다.

이 말씀은 또한 아무리 번뇌가 있어도 불성에는 아무 상관이 없다는 뜻이기도 합니다. 파도가 쳐도 바다는 그대로이고, 아무리 어두운 밤이 되어도 태양은 늘 그대로 밝습니다. 이렇게 불성을 설명합니다.

『열반경』에는 또 다음과 같은 말씀이 있습니다.

　　如來所說眞我　여래소설진아

　　名曰佛性　명왈불성

여래가 설하신 바 참나는
불성이라 이름 한다.

淸淨佛性 청정불성
常住不變 상주불변

청정한 불성은
늘 머무르며 변하지 않는다.

佛性者 불성자
卽是如來 즉시여래

불성이란
곧 여래이다.

如來是常住法 여래시상주법

不變易法 불변역법

여래는 항상 머무르는 법이며
변하고 바뀌지 않는 법이다.

참나는 불성이고, 불성은 여래이며 상주법이고, 바뀌지 않는 법이라는 말씀입니다. 그리고 다음과 같이 설하고도 있습니다.

諸佛世尊 有二種法　제불세존 유이종법
一者 世法 二者 第一義法　일자 세법 이자 제일의법
世法可滅 第一義法 則不壞滅　세법가멸 제일의법 즉불괴멸

제불세존에게는 두 가지 종류의 법이 있다.
첫째는 세법이고, 둘째는 제일의법이다.
세법은 없어지나 제일의법은 괴멸하지 않는다.

불교에서 '제일의第一義'라는 말을 씁니다. 진제眞諦, 속제俗諦의 '진속'보다 한 차원 높은 것을 '제일의'라고 합니다. 생로병사와 같은 세간법은 없어지는데 제일의법은 괴멸하지 않아요. 이 무너져 없어지지 않는 제일의법인 불성을 우리도 다 가지고 있어요. 단지 번뇌에 덮여서 모를 뿐이라고 말씀하고 있습니다.

復有二種 부유이종
一者 無常無我無樂無淨 일자 무상무아무락무정
二者 常樂我淨 이자 상락아정
無常無我無樂無淨 則有壞滅 무상무아무락무정 즉유괴멸
常樂我淨 則無壞滅 상락아정 즉무괴멸

다시 두 가지가 있다.
첫째는 무상, 무아, 무락, 무정이다.
둘째는 상락아정이다.
무상, 무아, 무락, 무정은 괴멸하지만,
상락아정은 괴멸하지 않는다.

부처님은 다시 상·락·아·정과 그 반대인 무상·무락·무아·무정의 두 가지로 법을 설하십니다. 무상하고 무아이고 즐거움도 없고 깨끗한 것도 없는 법입니다. 이 몸이 늙고 썩을 때 보면 도저히 깨끗한 것이라 할 수 없습니다. 이것이 부처님에게 있는 한 가지 법입니다.

둘째는 항상하고 즐겁고 참나이고 깨끗한 법입니다. 괴멸하지 않는 상주법常住法입니다. 이것이 불성인데, 이 불성을 우리가 다 가지고 있는 것입니다. 그런데 이 불성을 모르고 '나는 생멸이다', '나는 오온이다'라고만 한다면, 생일날 태어나서 제삿날 죽는 생로병사만 알고 있는 것입니다.

더 깊게 알면 불생불멸을 살 수 있고, 상락아정을 살 수 있습니다. 이것을 '법락法樂을 느낀다.'라고 말합니다. 법의 즐거움을 느낀다는 뜻입니다. 세상의 즐거움인 세락世樂은 고苦와 낙樂이 동시에 따라다니기 때문에 윤회輪廻라고 합니다. 고통이 오면 또 즐거움이 오고, 즐거움이 오면 고통이 오는 것이 윤회인 것입니다. 반면 상락常樂의 즐거움은 불생불멸의 법락입니다. 상락아정의 즐거움을 믿고 닦는 것이 불자입니다.

그러면 불성이란 무엇인가? 『천수경千手經』에 "원아조동법성신願我早同法性身"이라는 말씀이 있습니다. 「법성게法性偈」에 "법성원융무이상法性圓融無二相"이라는 말씀이 있습니다. 그러면 불성과 법성에 어떤 차이가 있습니까? 또 '진성眞性'이라는 말도 있습니다. 「법성게」에 "진성심심극미묘眞性甚深極微妙"라고 했어요. 이러한 불성, 법성, 진성이라는 성품은 어떻게 같고 다를까요?

'만법萬法의 근원'이라고 할 때는 법성法性이라고 합니다. 반면 불성佛性이라고 하면 '제불만덕諸佛萬德의 근원'입니다. 부처님이 그냥 부처님이 아닙니다. 중생이 다 불성을 가지고 있다고 해서 중생을 부처님이라고 부르지 않습니다. 온갖 지혜와 자비와 덕행을 갖추셨기 때문에 부처님이라고 합니다. 이같이 만법의 근원이라고 표현할 때는 법성이라 하고, 부처님 만덕의 근원이라고 할 때는 불성이라고 해요.

그리고 진성眞性은 참성품으로서 궁극적으로는 법성과 같습니다. 그런데 선善과 불선不善의 근본이라고 할 때는 여래장如來藏, 장식藏識으로도 이해합니다. 중생이 선善도 짓고 악惡도 짓습니다. 진성은 자성을 지키지 않는 특성이 있습니다. 인연 따라 나타납니다. 진성은 참성품인데 자성이 있는 것이 아니고 인연따라 일어나는 이것이 아주 중요합니다.

수행은 좋은 인연을 자꾸 만들어가는 것입니다. 좋은 인연을 자꾸 만들어가면 제불만덕이 갖춰집니다. 또한 심지법문心地法門이라는 것이 있습니다. 마음의 땅, 심지도 보살만행의 근원입니다. 마음 성품을 부르는 용어가 이렇게 다양합니다.

그렇다면 도대체 이런 이야기를 왜 하는 것인가? 이것이 전부 손가락인 것입니다. 달 보라고 달 가리키는 손가락입니다. 손가락을 통해 달을 보라는 것인데, 중생은 손가락만 보고 달을 보지 못하는 경우가 많습니다.

『능가경楞伽經』에 이런 말씀이 있습니다.

如愚見指月　여우견지월
觀指不觀月　관지불관월
計著名字者　계착명자자
不見我眞實　불견아진실

어리석은 이가 손가락으로 달 가리킴을 보되
손가락만 보고 달은 보지 않는 것처럼
이름에 생각으로 집착하는 이는
'나'의 진실을 보지 못한다.

　손가락이 가리키는 달을 보지 않고 손가락만 보면 진실을 보지 못하는 것입니다. '상락아정이다', '불성이 있다' 이런 말은 손가락입니다. 손가락만 보고 있어서는 곤란합니다. 불성을 찾기 위해서 자꾸 공덕을 닦아야 합니다. 또 불성을 보지 못하는 것은 인연 따라서 못 보는 것이지, 볼 수 없는 것이 아닙니다. 그래서 이름에만 집착하는 이들은 '나'라는 진실을 보지 못한다고 경책을 해놓았습니다. '상락아정'의 나를 믿고, '상락아정'의 나를 이루기 위해 공을 들이고 자꾸 닦아 가는 것이 신심信心에 의한 수행修行이고 신심에 의한 정진精進인 것입니다.
　우리나라에도 많은 도인道人이 나왔습니다. '생로병사'의 '나'에서 '불생불멸'과 '상락아정'의 '나'를 찾고, 거기에 아무런 구애 없이[無罣礙], 무애자재한 삶을 사는 분을 도인이라고 합니다. "무가애무가애고無罣礙無罣礙故 무유공포無有恐怖 원리전도몽상遠離顚倒夢想"이 곧 자재한 삶을 말하는 것입니다. 생로병사하는 이 몸뚱이를 가지고 상락아정을 누리면 그것보다 더 좋은 일이 어디 있겠습니까?

고려 말에 나옹懶翁 1320~1376 스님이라고 하는 아주 큰스님이 계셨습니다. 이 분이 스무 살 때 출가하셨는데, 출가 동기가 친구의 죽음 때문이었습니다. 어느 날 친구가 죽어서 크게 상심하여 동네 나이 많은 어른들을 찾아다니면서, 그 죽은 사람이 어디 갔는지 물었습니다. '사하지死何之 사하지死何之', 이렇게 묻고 다녔지만 다 모른다고 했습니다. 나이 많다고 다 그것을 압니까? 그래서 인생에 큰 의문이 생겨 출가하고 도를 닦아서 대도인이 되셨습니다.

마지막에 돌아가실 때 나옹 스님께 제자들이 물었습니다. "지수화풍地水火風 사대四大가 각각 다 흩어져서 돌아가실 때, 어느 곳으로 갑니까?" 스님이 지금 돌아가시는데, 죽은 다음에 어디로 가시는지 물은 것이잖아요. 그러니까 나옹 스님께서 양손으로 이렇게 한주먹을 만들어서 가슴에 딱 대고 "지재자리只在這裏."라고 답을 하셨습니다.

나옹 스님은 출가 이유가 '죽으면 어디로 가는가?'라는 의문이 생겼기 때문이었습니다. 그런데 출가하여 돌아가실 때 똑같은 질문을 제자들에게 받은 것입니다. 두 손으로 이렇게 한주먹을 만드는 것을 '교권交拳'이라고 합니다. 두 손으로 만든 한 주먹을 가슴에 딱 대고 '다만 여기에 있느니라.'고 하신 이것이 도인법문道人法門입니다.

생로병사의 몸을 가지고 불생불멸·상락아정을 다 볼 수 있습니다. 죽는 것이 죽는 게 아니고, 나는 것이 나는 게 아닌 상태에서 죽고 사는 걸 잘할 수 있습니다. 그냥 하는 것이 아니라 즐겁게 할 수 있습니다. 아프다고 고함지르는 건 생로병사입니다. 그 고함지르는 속에 상락아정이 있습니다. 상락아정을 알고서 고함을 지르는 사람과 상락아정을 모르고 고함만 지르는 사람은 다릅니다. 저도 어릴 때는 도인이 아프다고 할 때 실망했습니다. 그 속에 상락아정이 있는 것을 보는 게 중요합니다. 생로병사에서 상락아정을 보는 이치가 무엇인가?

夢踏靑山脚不勞 몽답청산각불로
影入水中衣不濕 영입수중의불습

꿈에 청산을 다녀도 다리 아프지 않고
그림자 물 속에 들어가도 옷 젖지 않는다.

꿈에 청산을 헤매고 돌아다녀도 다리가 아프지 않고, 그림자가 물속에 있어도 옷은 젖지 않는다는 것입니다. 이 비유는 바로 생사 속에서 생사 없는 즐거움을 느낀다는 것입니다.

(2010년 7월 29일 방영)

수행 이야기

　한국불교의 전통적인 수행 방법은 참선參禪, 간경看經, 염불念佛, 주력呪力이라고 알려져 있습니다. 여기에 가람수호伽藍守護를 넣기도 합니다. 무엇이든지 하려면 의례儀禮가 있어야 합니다. 어떤 의식과 어떤 예절로 하는지, 그 방법이 의례입니다. 그래서 전통적인 수행방법을 전통적인 수행의례와 함께 말씀드립니다.
　먼저 수행의 목적이 무엇인가? 무엇을 위해서 참선을 하는가? 무엇을 위해서 경을 보는가? 무엇을 위해서 염불을 하는가? 무엇을 위해서 주력을 하는가? 여기서 주력이란 다라니를 지송持誦하는 것이니, 계속 간직해서 외우는 것입니다. 그러니까 무엇을 위해서 이러한 수행을 하는가 라는 말씀입니다.
　요즈음 택시를 타면 1980년대와는 크게 다르다고 개인적으로 느끼는 바가 있습니다. 이전에 택시를 타면 택시 기사들이 대체로 젊었는데 요즘은 택시 기사들이 거의 대부분 나이가 많습니다. 이전에는 기사들이 젊으니까 더러 묻기도 하고 대화도 했는데 요즈음 나이 많은 기사님들은 별로 말이 없습니다. 그리고 말을 해도 승객에게 묻는 것이 아니라 자꾸 자기 이야기만 하려고 합니다. 이것이 크게 달라졌다고 느낀 점입니다.

이전에 어떤 기사님이 "하나 말씀드려도 됩니까?"라고 물어온 적이 있습니다. 자기가 보기에는 사나이로 태어나서 큰 부자의 꿈을 가지고 부자가 되도록 노력할 수도 있고, 또 세상에 어떤 명예나 권력을 위해서 살 수도 있고, 또는 색다른 예술이나 음악이나 그런 예능 쪽으로 꿈을 키울 수도 있고, 이렇게 세상에 길이 많은데 스님은 왜 하필 수도修道의 길을 택했느냐 하는 질문이었습니다. 그래서 "그런 길들은 다른 사람들이 모두 가니까 나는 다른 사람들이 가지 않은 길을 한번 가보려고 합니다."라고만 대답했습니다.

그리고 또 어떤 기사님은, 자기는 마흔 다섯 살인데, 꼭 절에 가서 좀 있고 싶다고 했어요. 그런데 그 기사님은 도를 닦으러 가는 것이 아니고 그냥 절에 가서 일이나 해주고 남 하는 대로 하면서 편안하게 있다가 자기 목적만 달성하면 된다는 이야기를 합니다. 그 목적이 무엇이냐고 물으니까, 자기가 결혼한 후 아내하고 부부싸움을 계속했는데 단한 번도 이겨보지 못했답니다. 그래서 절에 딱 가 있으면 언젠가는 아내가 찾아올 것인데, 그때 스님의 모습을 갖추고 아주 점잖하게 있다가 아내가 그동안 잘못했다고 울고 사과하면서 같이 가자고 매달리면 그때 바로 가는 게 아니라 한 번쯤은 "나는 벌써 속세를 떠난 사람이오."라 말하고 버텼다가 두 번 세 번 매달리면 그때 나오겠다는 것입니다. 그러기 위해서 절에 한번 가고 싶다는 겁니다.

1980년대 초에는 40세가 넘으면 절에서 받아주질 않았습니다. 그래서 "요즘은 절에서도 나이 많은 사람은 쓸모없는 사람이라고 받지 않습니다. 그런 꿈은 아예 꾸지도 마시고 사랑을 잘 이루도록 하세요. 싸움에서 이기는 것도 사랑의 표현입니다." 이런 이야기를 한 것이 기억납니다. 그러니까 염불하고 간경하고 참선하고 주력하는 그 목적이 세상에서 원하는 그런 것이 아닌 줄은 다 알아요.

그렇다면 수행의 목적은 무엇인가? 그것은 바로 깨달음입니다. 그러면 세상에서 추구하는 재산, 권력, 명예, 애정의 재권명애財權名愛 등을 원하지 않고 왜 깨달음을 원하는 것일까요? 우선 이것에 대한 깊은 믿음이 있어야 합니다. 그런 믿음이 없으면 수행이 되지 않습니다.

재권명애가 배고플 때 한 끼 요기하는 정도라면, 깨달음의 만족은 백겁천생을 두고 무진안락無盡安樂을 다 누리는 것과 같습니다. 재권명애가 그저 잠시 지나가는 아지랑이와 같은 것이라면, 깨달음의 세계는 길이길이 없어지지 않는 밝은 광명과 같은 것입니다.

이러한 믿음이 확실하지 않으면 재권명애의 유혹에 항상 흔들리게 됩니다. 깨달음을 구하는 수행과 재권명애를 구하는 세속의 욕망이 두 개의 주인이 되어서 왔다 갔다 합니다. 이것을 번뇌煩惱라고 합니다. 번뇌는 재권명애와 깊은 연관이 있는 것입니다.

깨달음의 한길로 가는 데는 신심信心과 지혜智慧가 반드시 필요합니다. 신심과 지혜가 똑같은 지혜입니다만 믿는 지혜를 신지信智라고 합니다. 믿는 것 자체도 지혜입니다. 반면 자기가 완전히 체험하고 알아서 얻은 지혜를 증지證智라고 합니다.

신지도 중요합니다. 예를 들면 어느 목적지를 향해 갈 때, 길을 아는 사람이 '이 길로 쭉 가면 목적지에 도착한다.'라고 하면 그것을 딱 믿고 그 길로 곧장 가면 목적지가 나옵니다. 갔다 온 사람은 가는 길을 훤히 아니까 그 사람의 지혜는 증지입니다. 아는 것과 모르는 것의 차이는 있어도 가는 것은 똑같습니다. 그럴 경우 신지와 증지가 다르지 않습니다.

그런데 문제는 세상의 목표는 보이는데 깨달음의 세계는 안 보이니까 보이지 않는 것을 구하는 이것이 참 어렵습니다. 그래서 믿지 않으면 안 되는 것입니다. 그렇다면 왜 믿지 못하는가? 체험을 해보지 못했기 때문입니다. 그런 세계이기에 경론에서 깨달음을 어떻게 말씀하셨는지 알아야 합니다.

『기신론起信論』에서는 깨달음의 세계를 본각本覺과 시각始覺과 구경각究竟覺을 말씀하고 있습니다. 비유로 말하면 본각이란 금은 금인데 땅속에 묻힌 매장된 금과 같습니다. 시각은 그 매장금을 캐내어 막 제련한 금입니다. 구경각은 완전 순금입니다. 매장된 상태도 아니고 잡철도 섞여 있지 않은 순수한 금을 구경각에 비유한 것입니다.

다시 말하면 중생이 보고 듣고 하는 것이 본각입니다. 매장 금과 같다는 것입니다. 수행을 하면 번뇌 망상이 다 없어져서 밝아진 것이 제련된 금과 같다고 해서 시각입니다. 그러면 완전히 지혜만 밝고 번뇌는 없으니까 그것이 순금과 같은 구경각이라는 말씀입니다.

중생이 느끼는 고통은 지혜가 모자라는 번뇌로 인해 생긴 것인데, 고통은 뿌리가 없습니다. 고통은 내 마음을 어리석게 써서 생긴 것이지 본래 있는 것이 아닙니다. 모든 현상은 나의 어리석음으로부터 나타나는 것입니다.

그러면 도를 닦는 기본 원리는 무엇일까요? 참선이든 염불이든 간경이든 주력이든 그것은 수행의례修行儀禮인데, 도를 닦는 그 원리는 모두 같습니다. 무엇을 구하면 도를 닦는 것이 아닙니다. 명예를 구하면 명예를 구하는 것이지 그것은 도를 닦는 것이 아닙니다. 지식을 구하면 지식을 구하는 것이지 그것은 도를 닦는 것이 아닙니다. 폼 나는 것을 구하면 폼 나는 것을 구하는 것이지 그것은 도를 닦는 것이 아닙니다.

어떤 사람은 도를 닦는답시고 지팡이를 높다란 것부터 장만하고 또 머리를 기르는 사람이 있는가 하면, 요즘 수염은 별 필요가 없는데 수염을 기르는 사람도 있습니다.

도 닦는 걸 형상으로 표현하려고 하는 것은 수행에서 오입誤入이라고 합니다. 산중에 들어가서 여기저기 왔다 갔다 좋은 곳이나 돌아다니는 것을 산중오입山中誤入이라고 하지요. 수행도 상相이 없이 수행하는 것이 진수眞修입니다. 참으로 닦는다는 것은 닦음에 닦는 상이 없는 것입니다.

깨닫는 것도 상이 없이 깨닫습니다. 그것이 묘각妙覺, 즉 구경각입니다. '묘妙'라는 것은 각에 각상覺相이 없다는 말입니다. 깨달을 때 깨달았다는 상이 없이 깨닫는 것입니다.

그러니까 상을 드러내려고 하면 그것은 벌써 수행이 아니에요. 그런데 중생들은 드러내려고 하는 상이 뼛속까지 배어 있어서 상 없이는 못 삽니다. 그래서 수도한답시고 괜히 겉으로만 드러내면, 그것은 수행이 아니라 오입인 것입니다. 그것을 명심해야 합니다.

『화엄경』「십회향품十迴向品」에서는 도가 무엇인지에 대해 이렇게 말씀하고 있습니다.

心不妄取過去法 심불망취과거법

亦不貪着未來事 역불탐착미래사
不於現在有所住 불어현재유소주
了達三世悉空寂 요달삼세실공적

마음으로 허망하게 과거 법을 취하지 말라.
또한 미래사도 탐착하지 말며,
현재 있는 바에도 집착하지 아니하면,
삼세가 공적함을 요달하리라.

 과거 지나간 것은 지나간 것인데 중생들은 항상 과거에 매달립니다. '내가 젊었을 때는 이러했는데….' 그런 것은 다 필요 없습니다. 그것은 젊었을 때 이야기입니다. 지금은 아니거든요.
 제가 한 상좌에게 들은 이야기입니다. 군부대의 부대장이 전역하고 바로 이튿날 그 부대를 방문할 일이 있었다고 합니다. 그런데 그 부대 입구 위병소에서 사병이 신분증을 보자고 했습니다. 전 부대장이 "내가 어제까지 부대장이었는데 무슨 신분증이냐."고 반문했는데, 사병이 "어제는 부대장이었지만 오늘은 아니잖습니까."라고 대답했답니다. 그 사병 이야기가 맞습니다. 어제까지 부대장을 한 것이지 오늘은 상관이 없는 것입니다.

이처럼 수행은 과거에 집착하는 것이 아닙니다. 또한 미래사도 집착하지 말아야 합니다. 앞으로 나는 무엇을 가지고 무엇을 이룰 것이라는 등이 미래사입니다. 또 현재 있는 것에도 집착하지 아니하면 삼세가 공적함을 통달해 압니다. 공적空寂이면 무상無相이고 무상이면 해탈解脫이지요. 수행이라는 것은 과거에 대해 집착하는 것도 아니고, 미래에 집착하는 것도 아니고, 현재에 대해 집착하는 것도 아니고, 그대로 자기의 본성本性을 드러내는 것입니다. 무엇을 구하면 그걸 구하는 것이지 수행은 아닙니다.

그렇다면 도대체 수행이라는 것이 무엇인가?

『화엄경』「세주묘엄품世主妙嚴品」에서는 이렇게 표현하고 있습니다.

爾時世尊 이시세존
於一切法 成最正覺 어일체법 성최정각
身邊十方 而無往來 신변시방 이무왕래
智入諸相 了法空寂 지입제상 요법공적

그때 세존께서
일체법에서 가장 바른 깨달음을 이루시니
몸이 시방에 두루 하되 왕래가 없으시며

지혜가 모든 상에 들되 법이 공적함을 아시었다.

이러한 것이 깨달음입니다. 깨달으신 부처님의 몸이 시방에 두루 합니다. 시방에 두루 하지만 오고 감이 없습니다. 또 '지혜가 모든 상에 듭니다'. 나고 죽고 오고 가고[生死去來], 돌아다니고 머물고 앉고 눕고[行住坐臥], 보고 듣고 느끼고 아는 것[見聞覺知]이 곧 지혜가 모든 상相에 드는 것입니다. 그렇지만 그것이 다 상이 아닌, 공적空寂한 것임을 압니다. 그것이 깨달음입니다.

이것이 무엇입니까? 안경이지요. 안경인 줄 아는 것, 안경을 쓰는 것, 이러한 것이 지혜가 모든 상에 드는 것입니다. 그런데 안경이 색즉시공色卽是空, 공空입니다. 산에 가는 것은 지혜가 상에 드는 것인데, 산에 들어가되 산이 공적해요. 그러한 경지에 들어가면 죽어도 죽는 것이 공적하고 살아도 사는 것이 공적하니 걸릴 것이 없습니다. 그것이 해탈입니다.『화엄경』「여래명호품如來名號品」에서는 이렇게 말씀하십니다.

妙悟皆滿　묘오개만
二行永絶　이행영절
達無相法　달무상법
住於佛住　주어불주

묘한 깨달음이 다 원만하여

두 가지 행이 영원히 끊어졌으며

무상법을 통달했으며

부처님이 머무시는 데 머무셨다.

'묘오개만妙悟皆滿'이라, 묘오는 묘각妙覺입니다. 부처님께서 어제까지 깨닫지 못하셨다가 오늘 아침에 깨달으시면 어제 부처님하고 오늘 부처님하고 차이가 있습니까, 없습니까? 차이가 없어요. 어제도 싯다르타이고 오늘도 싯다르타입니다. 이 점이 묘妙한 것입니다. 그런데 어제 본 세상하고 오늘 깨달은 후에 보는 세상은 전혀 다릅니다. 이것이 묘한 깨달음, 묘각입니다.

'이행영절二行永絶'이라, 묘각은 두 가지 행위가 영원히 끊어졌습니다. 생사와 열반, 번뇌와 보리 등 모든 분별이 다 끊어져서 두 가지 행이 없습니다.

'달무상법達無相法'이라, 형상이 없는 법을 통달하신 것입니다. 무상법을 통달하지 않고는 해탈할 수 없습니다. 왜냐하면 상에 걸려 있기 때문입니다.

'주어불주住於佛住'라, 부처님이 머무르시는 곳에 머무르신다고 합니다. 중생이 부처님과 똑같은 한 자리에 머무르는데 그 세계가 또 다릅니다. 극락을 가는데 엉덩이를 조금도 움직이지 않고 극락을 가는 것입니다. 왜 그런가? 형상이 없고 하나라는 상이 없기 때문입니다. 같은데 다릅니다. 어떻게 다른가? 0도와 360도의 차이입니다. 0도와 360도는 분명히 하나인데 달라요. 부처님은 360도에 계십니다. 중생은 0도에 있습니다. 그것이 불주佛住, 부처님이 머무르시는 곳에 머무른다고 깨달음을 이야기했습니다.

그러면 이 깨달음이라는 것이 도대체 무엇인가? 내 집에서 내 집으로 가는 것입니다. 0도에서 360도로 가는 것입니다. 또 내가 나를 보는 것입니다. 0도에 있는 나에게서 360도에 있는 나를 보는 것입니다.

또 내 눈이 내 눈을 보는 것입니다. 어떻게 내 눈이 내 눈을 볼 수 있습니까? 거울을 통해서 보는 것은 거울의 그림자를 보는 것이지 내 눈을 보는 것이 아닙니다. 내 눈이 내 눈을 보는 방법이 무엇입니까? 그런데 문제는 이미 내 눈인데 내 눈을 보려고 하는 것입니다. 내 눈이 이미 내 눈이라는 것을 확실히 알게 되면 내 눈이 내 눈을 보려는 생각이 없습니다. 그것이 이행영절, 두 가지 행위가 영원히 끊어진 것입니다. 그래서 눈이 항상 있음을 확실히 알고 마음대로 쓰는 것, 그것이 내 눈이 내 눈을 본 것입니다. 이처럼 깨달음이라는 것을 비유로 말하면, 내 눈이 내 눈을 보는 것이고, 내가 나를 보는 것이고, 내 집에서 내 집으로 가는 것입니다.

가만히 생각해보세요. 자기 집에 간 사람은 자기 집에 가지 않은 사람과 행동이 다르겠지요. 집에 들어간 사람은 어떤 특징이 있을까요? 여러분도 다 집이 있잖아요. 집에 들어가시면 어떻습니까? 편안하고 자유롭지요. 편안하고 자유로우면 행동이 어떻게 나타나지요?

경허鏡虛 1849~1912 큰스님의 '오도송'이 그것을 노래하고 있습니다.

忽聞人語無鼻孔 홀문인어무비공
頓覺三千是我家 돈각삼천시아가
六月燕巖山下路 유월연암산하로
野人無事太平歌 야인무사태평가

홀연히 어느 사람이 소 콧구멍 없다고 하는 말을 듣고
삼천대천세계가 몰록 내 집인 줄 깨달았다.
유월 연암산 아래 길에서
들사람 일없이 태평가를 부르노라.

우리는 조그마한 담장 안에 있는 것을 자기 집으로 삼지만 깨달은 분의 분상은 삼천대천세계가 나의 집이고 온 우주 법계가 나의 집입니다. 경허 큰스님께서는 온 우주 삼천대천세계가 나의 집인 것을 아는 것이 깨달음임을 분명히 보여주신 것입니다.

깨달은 사람의 정신세계는 누구를 속이려고도 하지 않고, 무엇을 구하려고도 하지 않습니다. 누가 보거나 보지 않거나 자신이 할 일을 계속합니다. 자기가 자기 일을 하는데 누가 본다고 하고 누가 보지 않는다고 하지 않는 그런 것이 아닙니다. 무주상보시無住相布施가 바로 이런 것입니다. 인정받으려고 하는 것이 아니라 그냥 하는 것입니다. 그것이 보살행菩薩行입니다. 이렇게 되기 위해서 노력하는 행위를 수행修行이라고 합니다.

통도사 경봉鏡峰 1892~1982 큰스님이 37세 때인 1928년 4월 13일에 도를 통하셔서 주인공과 나누신 문답 글이 있습니다.

咄咄無情我主公 돌돌무정아주공
至今逢着豈多遲 지금봉착기다지

안타깝다, 안타깝다, 무정한 나의 주인공아.
지금에야 만났으니 어이 그리 더디냐?

呵呵我在君家裡 가가아재군가리

汝眼未睛如此遲 여안미정여차지

하하! 우습다. 내가 그대의 집에 있었다.
네 눈이 밝지 못해서 이와 같이 늦었다.

이것이 바로 내가 나를 만나는 이치입니다. 나의 주인공 문답입니다. 『경봉대선사일기』라는 책에 '나와 주인공 문답 시詩'라고 실려 있는 것입니다. 이런 글을 보면 참으로 신심信心이 나잖아요. 오도송悟道頌도 마찬가지로 수행의 의지를 확고하게 해주는 것입니다.

이제 누가 수행을 하는가? 누가 수행을 할 것인가? 어떤 사람은 자기 근기가 모자란다고 포기하기도 합니다. 근기란 소질, 능력, 품성인데 수행하는 데 아무런 제한이 없습니다. 100살 먹은 노인이나 어린아이거나 상관이 없습니다. 신체 구조나 유식 무식의 제한도 없습니다. 단지 신심信心이 있느냐 없느냐, 그것이 자격이라면 자격입니다. 신심이 있으면 누구나 가능합니다. 누워서 일어나지 못하는 사람도 수행할 수 있습니다. 자기가 자기를 보는 데 무슨 힘이 들어요? 물구나무를 서는 것도 아니고, 팔씨름하는 것도 아니고, 내가 나를 보는 데 힘들 것이 무엇이 있겠습니까? 아무런 제한이 없고 오로지 신심, 그 믿는 마음만 있으면 됩니다.

그러면 언제 수행을 할 것인가? 수행의 시기가 언제인가? 전문 강원에서 공부하는 『치문경훈編門警訓』에 나오는 게송입니다.

蒿裡新墳盡少年 호리신분진소년
修行莫待鬢毛斑 수행막대빈모반
道業未成何所賴 도업미성하소뢰
人身一失幾時還 인신일실기시환

쑥대 밭의 새 무덤이 다 소년이다.
수행을 귀밑머리가 희끗희끗해질 때까지 기다리지 마라.
도업을 이루지 못하면 무엇을 믿을 것인가.
사람 몸 한번 잃으면 언제 다시 얻겠는가.

'쑥대 밭의 새 무덤이 다 소년'이라는 것은 젊은 사람도 죽는다는 것입니다. 옛날에 어린아이가 죽으면 봉분도 없이 그냥 쑥대 밭에 묻었습니다. 젊은 사람도 언제 죽을지 모르니 내가 나를 찾는 수행을 똑같이 해야 한다는 가르침입니다. '모반毛斑'이라는 것은 귀밑머리입니다. 그러니까 나이 들어 귀밑머리가 희끗희끗해질 때까지 기다리지 말고, 닦는 법을 알았으면 그 순간부터 닦는 것입니다. 팔십에 알았으면 팔십 그때부터 닦고, 오십에 알았으면 오십 그 시간부터 닦는 것이 수행의 시기입니다. 그러니까 뒤로 미루지 말라는 것입니다.

깨달음을 얻지 못하면 무엇을 믿을 것입니까? 이 몸도 믿을 수 없고 재산도 믿을 수 없고, 사랑도 믿을 수 없고, 머리 좋은 것도 믿을 수가 없습니다. 영구적으로 믿을 수 있는 것은 아무것도 없습니다. 자기가 자기를 깨닫는 것밖에는 믿을 것이 없습니다.

사람의 몸을 한번 잃어버리면 언제 다시 오겠습니까? 수행은 사람 몸을 받아서 할 수 있습니다. 고양이를 가만히 보니까 고양이의 몸으로는 수행할 수 없겠더라구요. 강아지 몸으로도 힘들고 사람 몸을 받았을 때가 가장 수행하기 좋은 때입니다. 쓸데없는 생각을 하지 말고 내가 나를 보는 그런 수행을 하는 것이 가장 잘 사는 것입니다.

그러면 수행은 어디서 하는가? 수행을 어떤 특별한 곳에서 하는 것이 아니라 다 생활 속에서 하는 것입니다. 평상시 하는 생활이 수행에 방해되는 것을 좀 삼가면 됩니다. 수행에 방해되는 걸 하지 않는 일상행日常行을 상행수행常行修行이라고 합니다.

그 다음에는 각찰행覺察行입니다. 내가 지금 무슨 짓을 하고 있는지 살피는 것이 중요합니다. 내가 지금 쓸데없는 생각을 하고 있는가? 과거에 매달려 있는가? 이렇게 자기가 하는 행위를 늘 살피는 것이 각찰입니다.

그 다음에는 참구행參究行입니다. '내가 이렇게 생각하고 움직이는 이 것이 무엇인가?' '이것이 무엇인가?' 이렇게 하는 것이 참구입니다. 이런 노력이 필요합니다. 참구하면 자기가 자기를 보게 됩니다. 자기 하나 잃어버려서 모든 문제가 생겼기 때문에 자기를 보는 순간에 다 해결이 된다는 것입니다.

그것을 고인이 말씀하시기를

因地倒者 因地起 인지도자 인지기
離地求起 無是處 이지구기 무시처

땅에서 넘어진 자 땅을 짚고 일어난다.
땅을 여의고 일어남을 구하는 것은 될 수가 없다.

라고 하셨습니다.

본래의 나를 잃어버려서 모든 문제가 생겼기 때문에 본래의 나를 되찾으면 모든 것이 해결됩니다. 이런 믿음을 가지고 정진하는 것이 바로 수행입니다.

(2010년 9월 30일 방영)

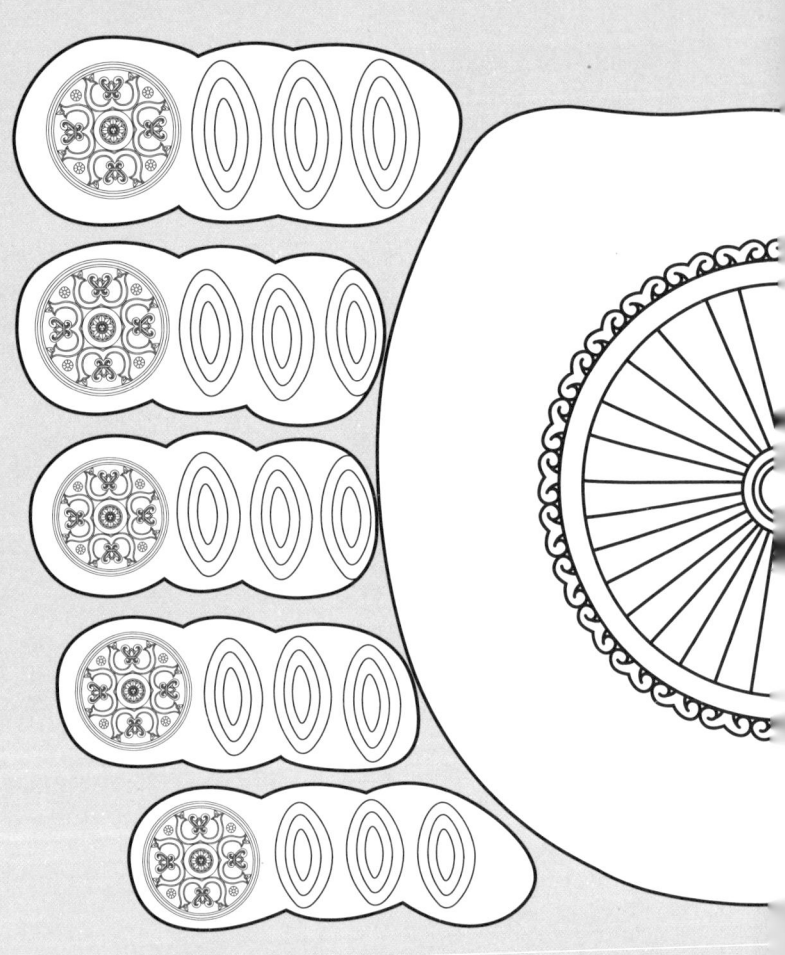

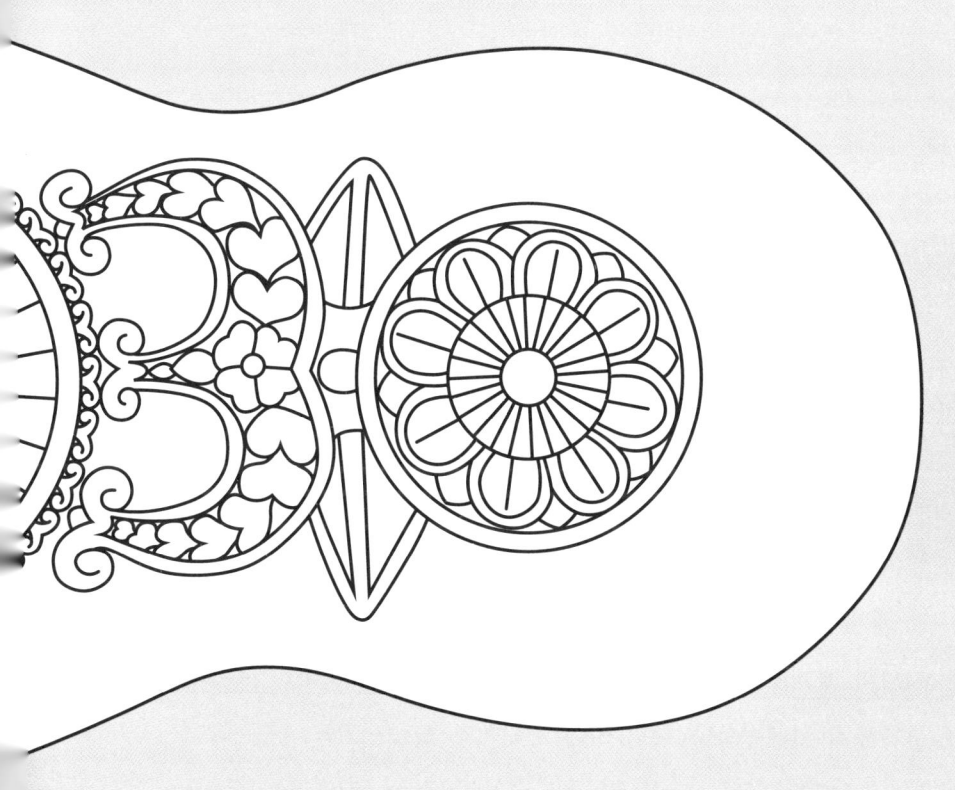

육바라밀과 십바라밀

대승불교 경전에서 보이는 수행법을 통칭하면 육바라밀六波羅蜜과 십바라밀十波羅蜜이라 할 수 있습니다.

대승 보살은 처음에 육바라밀을 수행의 으뜸으로 삼았습니다. '바라밀波羅蜜'이란 '완성' 또는 '피안에 간다[到彼岸]'라는 뜻입니다. 피안彼岸은 저 세상인데 피안으로 가는 사람은 차안此岸, 이 세상에 있습니다. 이 세상은 무엇이고 저 세상은 무엇입니까? 이 세상은 의식意識이 지배하는 세계이고, 저 세상은 지혜智慧의 세계입니다. 그래서 의식으로부터 지혜의 세계로 가는 것이 바라밀입니다. 의식은 다른 말로 생각이니, 생각에서 지혜로 가는 것을 바라밀이라고 합니다.

그러면 피안으로 가는 길이 얼마나 있는가? '팔만사천바라밀'이라고 할 정도로 수많은 길이 있습니다. 그 많은 길을 6가지로 말해서 육바라밀입니다. 육바라밀은 보시布施바라밀・지계持戒바라밀・인욕忍辱바라밀・정진精進바라밀・선정禪定바라밀・지혜智慧바라밀입니다. 여기에 방편方便・원願・력力・지智바라밀을 합해 십바라밀이라 부릅니다.

그런데 이러한 바라밀 중 특히 한 가지만 들면 지혜바라밀, 즉 반야바라밀般若波羅蜜입니다. 반야로 피안에 간다는 것이지요. 그래서 반야바라밀을 제일바라밀第一波羅蜜이라고 합니다. 제일바라밀이기 때문에 바라밀 중에 반야바라밀에만 '마하摩訶'라는 말을 붙여 마하반야바라밀이라고 합니다.

마하반야바라밀이든, 육바라밀이든, 십바라밀이든, 팔만사천바라밀이든, 바라밀을 한마디로 말하면 수행修行입니다. 수행은 생각으로부터 지혜로 가는 것입니다.

그러면 우리가 왜 수행을 해야 합니까?

『대열반경大涅槃經』에 "무엇을 중생이라고 하는가? 삼법이 화합된 것이 중생이다. 삼법이 무엇인가? 첫째는 수명[壽], 둘째는 체온[暖], 셋째는 의식[識]이다."라는 말씀이 있습니다. 수명과 체온과 의식이 합쳐진 것을 중생이라고 한다는 것입니다.

평소에 수명이 무엇인지 생각해보셨습니까? 수명은 다른 것이 아니라 바로 숨 쉬는 것입니다. 호흡이 수명입니다. 수명의 수는 목숨 수壽 자입니다. 목숨이 끊어지면 수명이 다한 것입니다. 숨을 쉬다가 숨을 쉬지 못하면 목숨이 끝나는 것이니 호흡이 바로 생명이고 수명입니다.

체온은 우리 몸의 따뜻한 기운입니다. 체온이 식으면 생명이 끝나는 것입니다. 또 의식이 없어지면 깜깜해져서 역시 목숨이 끝나는 것입니다. 이것이 중생입니다. 아주 불안정하기 짝이 없어요. 언제 호흡이 끊어질지, 언제 체온이 식어버릴지, 언제 의식이 깜깜해질지 모르는 것입니다. 인생무상人生無常입니다.

이처럼 인생이라는 것 자체가 무상하고 허망하다는 인식이 들면 수행을 하지 않으려고 해도 하지 않을 도리가 없습니다. 인생이 허망한 줄 전혀 느끼지 못하면 수행에 관심이 없고, 수행에 관심이 없으면 수행을 모르게 됩니다.

그러면 수행이란 도대체 무엇인가? 수행은 깨달음으로 가는 길입니다. 수행은 보리菩提를 장엄莊嚴하는 길이고, 보리를 장양長養하는 길입니다. 보리는 깨달음이고, 장양은 기른다는 말입니다. 깨달음을 장양하는 것이 수행이기 때문에 수행만 잘하면 깨달음은 저절로 오는 것입니다. 그런데 수행을 하지 않고 깨달음만 바라면 깨달음은 오지 않습니다. 그래서 도인에게 찾아가서 "제가 언제 깨달을까요?"라고 물으면 아주 자비가 넘치는 도인은 그냥 눈물을 흘리십니다. "왜 그러십니까?" "언제 깨달을지 묻는 사람은 영원히 못 깨닫는다. 네가 못 깨달을 걸 생각하니 내가 눈물이 난다."고 하십니다. 그러니 깨달을 것, 못 깨달을 것 걱정하지 말고 오로지 수행해나가면 되는 것입니다.

『열반경』에서는 또한 "비유하면 어떤 사람이 밝은 거울을 잡고 있으면, 자기 얼굴을 보려고 생각을 하지 않아도 자기 얼굴 모습이 저절로 나타난다."고 합니다. 밝은 거울만 딱 들면 자기 얼굴을 보려고 하지 않아도 자기 얼굴이 나타나는 것처럼 수행도 이와 같습니다.

또 수행은 농부가 좋은 밭에 씨앗을 심으면, 싹이 저절로 나는 것과 같다고 합니다. 수행은 농부가 종자를 심는 것과 같고 깨달음은 종자에서 싹이 나는 것과 같습니다. 그러므로 수행만 하면 됩니다. 깨닫는다 못 깨닫는다 등의 걱정은 다 망상이라는 것입니다.

등불을 밝히면 어두운 것을 없애려고 일부로 노력하지 않아도, 어두운 것이 저절로 없어지고 밝아집니다. 수행이라는 것은 등불을 켜는 것과 같고, 밝아지는 것은 깨닫는 것과 같습니다. 수행하면 깨달음은 저절로 얻어지는 것입니다. 보살이 수행하는 것 또한 이와 같습니다.

수행하는 방법이 대승불교에서는 기본적으로 반야바라밀입니다. 바라밀이 전부 반야 지혜를 실천하는 방법입니다. 보시布施도 반야의 실천이고, 계법을 지키는 것[持戒]도 내용은 전부 반야의 실천입니다. 반야를 보시로도 실천하고, 계법으로도 실천하는 것이지요. 모든 바라밀의 본질이 반야이기 때문에 반야 하나로 통하는 것입니다.

반야가 수행으로는 관찰, 믿음, 이해, 실천, 증득으로 나타납니다.

이 하나하나가 전부 반야입니다. 반야를 수행하려고 반야의 길로 들어서면 관찰부터 합니다. 그리고 믿는 것도 반야 지혜이고, 이해하는 것도 지혜이고, 실행하는 것도 지혜이고, 증득하는 것도 지혜입니다.

지혜를 신지信智와 증지證智로 나눌 수 있습니다. 믿는 지혜와 증득한 지혜입니다. 신심信心이 지혜라고 해서 신지라고 합니다. 믿다 보면 이해하게 되고, 이해하다 보면 실행하게 되고, 실행하다 보면 증득하게 됩니다. 증득한 지혜를 증지라고 합니다. 증지는 완전한 지혜입니다.

수행과정 중의 보살의 지혜는 지혜이기는 한데 완전치 못한 지혜이기 때문에 반야행을 하여 완성한다고 해서 반야바라밀이라고 합니다. 반야바라밀 내에는 보시바라밀부터 온갖 바라밀이 다 있습니다.

그러면 부처님의 지혜는 무엇이라고 할까요? 부처님의 지혜는 일체지一切智 또는 일체종지一切種智라고 합니다. '종자 종種', '지혜 지智' 자입니다. 일체종지를 다 이루면 부처님입니다. 반야를 실천하는 반야바라밀 단계는 수행과정의 지혜이고, 일체종지는 완전한 결과를 이룬 지혜입니다.

그 지혜로 가면 어떻게 되는가? 거기에는 구경열반究竟涅槃, 최상의 열반이 있습니다. 이것은 설명하기 어려운데 만행萬行, 만덕萬德으로도 표현할 수 있습니다. 『화엄경』「이세간품離世間品」에서는 부처님의 세계를 2천 가지로 설명을 했습니다. 2백 가지 질문에 열 번씩 대답해서 2천 가지가 됩니다. 그것이 부처님의 세계를 설명한 부분입니다. 열반이라든지 깨달은 세계 즉 일체종지의 세계를 2천 가지 내용으로 설명하고 있는데, 이것은 부처님이 중생을 향해 나아가시는 교화행敎化行이기도 합니다. 그러니까 언제 숨이 멎을지, 언제 체온이 식을지, 언제 깜깜해질지 모르는 이 몸을 가지고 수행을 잘해서 깨달음을 얻으면 무궁무진한 자량資糧을 얻는 길이 수행이라는 말씀입니다.

　총체적 수행 방편인 육바라밀 중 첫 번째가 보시바라밀인데, 보시바라밀은 그 순서가 첫 번째이고, 본질은 마하반야바라밀입니다. 그런데 보시, 지계, 인욕바라밀 등은 전부 이타행利他行입니다. 다른 이를 도우면 나의 지혜가 향상됩니다. 그러니까 남을 돕는 것이 절대 남을 돕는 것만이 아닙니다. 바로 나를 이롭게 하는 수행입니다. 그것이 신심信心이고 그것이 공덕功德입니다. 이타행을 통해서 나의 지혜가 형성되고 나의 성불이 이루어집니다.

　이 중에 가장 하기 쉬운 수행이 보시입니다. 보시는 물질을 나누는 것에서부터 출발하니까 얼마나 쉽습니까. 화를 참는 건 힘들거든요. 물질을 나누는 게 제일 쉬운 것입니다. 마음을 나누는 것도 어렵습니다. 늙으면 마음 나누는 것은 생각을 말아야 합니다. 나누기 어렵습니다. 결국은 자기 혼자입니다. 나이 많은 분들이 말로 벗을 하며 편안하게 지내려 하는데 그것은 망상입니다. 결국에는 자기 마음을 나눌 대상이 없는 것입니다. 그것은 업식業識이 달라서 그렇습니다.

그렇다면 어떻게 해야 하느냐? 오로지 수행을 해서 그 쓸데없는 마음을 놓아야 합니다. 마음 내려놓는 훈련을 해야 합니다. 집안으로 말하면 고약한 냄새 나는 물건을 치우는 것입니다. 냄새나는 방에 들어가는 걸 누가 좋아합니까? 그래서 마음을 나눈다는 그 생각은 아예 하지 마시고 수행부터 하시기 바랍니다. 냄새나는 나의 마음을 받아 줄 사람은 아무도 없습니다.

듣기가 불편하십니까? 그런데 이것은 사실입니다. 내 마음을 받아줄 사람을 찾아 다녀봐야 인생만 날아가고 결과가 신통찮습니다. 우선 내 마음을 내려놓는 것부터 하셔야 합니다. 집안에 좋지 않은 물건부터 치우라는 것입니다. 그 치우는 손쉬운 방법이 보시입니다. 보시는 상대편만 좋은 게 아니고 보시하는 사람에게 굉장히 좋습니다. 그것이 수행입니다.

얼마 전 제가 힘들이지 않고 성불을 두 번 했습니다. 어떻게 했는지 아십니까? 지방을 다녀오면서 서울역에 내렸을 때입니다. 어떤 분이 와서 "성불하고 가세요!"라고 했어요. 성불을 어떻게 하는지 봤더니 "천 원짜리 한 장만 주고 가세요." 라고 말했습니다. 지갑에서 천 원짜리를 꺼낸다고 꺼내는데 천 원짜리 두 장이 나왔어요. 다시 집어넣을 수도 없고 해서 천 원짜리 두 장을 건넸습니다. 그랬더니 "고맙습니다.

성불 잘하셨어요." 이렇게 말하고 가더라구요. 오면서 가만히 생각하니까 천 원짜리 한 장을 주면 성불한다고 했는데 두 장을 줬으니 성불을 두 번 한 것입니다. 그날 하루 내내 기분이 좋았습니다. '내가 서울역에 내려서 생각지도 않게 성불을 두 번이나 했구나.' 보시라는 게 이런 것입니다. 보시하는 사람이 좋은 것입니다.

지계持戒라는 것도 남에게 나쁜 일 하지 않는 것, 좋은 일 하는 것입니다. 인욕忍辱도 마찬가지입니다. 인욕을 느낌으로 설명한 내용이 『능엄경楞嚴經』에 있습니다. 음식을 먹을 때 아주 비위가 상하는 음식을 입에 넣었는데 그 음식을 삼키지도 않고, 뱉지도 않고, 물고 있는 그 상태가 인욕이라고 합니다. 한번 생각해 보십시오. 아주 역겨운 음식이 입안에 들어왔는데 씹을 수도 없고, 뱉을 수도 없고, 아주 곤란하다는 말입니다. 그것을 갑자기 삼키면 체할 수 있고, 토해내면 보기에 좋지 않습니다. 그것을 가만히 물고 있으면 살살 녹아서 그냥 없어져 버립니다. 그것이 인욕입니다.

인생에서 백전백승하면 영웅이라고 하는데, '백전백승이 한 번 참는 것만 못하다百戰百勝 不如一忍'라고 했습니다. 이기고 나면 반드시 후유증이 있습니다. 져도 좋지 않지만, 후유증은 진 것보다 이긴 것이 더 심합니다. 그래서 인생을 지혜롭게 사는 사람은 이기려고 하지 않습니다. 싸움을 하게 되더라도 나무닭같이 한다는 것입니다. 『장자莊子』에 보면 '목계木鷄'라는 말이 있습니다. 어떤 싸움닭을 가져왔는데 이 닭이 좀처럼 싸울 생각을 안 해요. 완전히 나무처럼 가만히 있었어요. 그러니까 다른 닭도 싸움을 안 해요. 그래서 다 이겨버린 거예요. 싸움 중에서 가장 좋은 건 싸움하지 않고 이기는 부전승不戰勝입니다. 누가 뭐라고 하든지 인욕 하나로 다 이겨버립니다. 그래서 백 번 싸워서 백 번 이기는 것이 한 번 참는 것만 못하다라고 한 것입니다. 그것이 수행입니다.

보시, 지계, 인욕은 세간世間에 머무르는 것이고 정진, 선정, 지혜는 출세간出世間에 머무르는 것입니다. 이것을 합쳐서 '부주세간不住世間 부주열반不住涅槃, 세간에도 머무르지 않고 열반에도 머무르지 않는다.'라고 합니다. 보시, 지계, 인욕은 이타행이고 정진, 선정, 지혜는 자리행이니, 전부 반야바라밀을 실행하는 것입니다.

이처럼 반야가 가장 근본인데 반야는 관찰부터 한다고 했습니다. 『금강경金剛經』의 "응작여시관應作如是觀"이나 『반야심경般若心經』의 "조견오온照見五蘊"이라는 가르침도 관찰하고 관찰하라는 것입니다. 관찰을 해보면 어떻게 시작해서 어떻게 끝나는지 보입니다. 그래서 보살은 유위법有爲法이 생멸법生滅法인 줄 압니다. 태어나고 죽는 것이 환히 보이니까 거기에 집착하고 의존하지 않습니다. 수행하지 않을 수 없게 되는 것입니다.

유위법, 세간법, 생멸법에 대한 관찰이 부족하면 거기에 의존하고 매달려서 수행을 하지 못합니다. 관찰해서 생멸이 어떤 것이라는 것을 알아야 합니다. 생멸의 과정을 순順·역逆으로 설명한 12인연법을 환하게 통달하는 것을 반야바라밀이라고 합니다. 그래서 세간 만법을 환하게 통달하면 반야바라밀이라고 합니다. 『대승보운경大乘寶雲經』의 「십바라밀품十波羅蜜品」에 세간만법世間萬法을 어떻게 통달하는지 간단하게 설명한 구절이 있습니다.

　　如朝露滴　　어조로적
　　日出消盡　　일출소진
　　如山水流　　여산수류
　　唯去不歸　　유거불귀

　아침 이슬방울이
　해 뜨면 다 녹아서 없어지는 것과 같고
　산에 흐르는 물이
　오직 가기만 하고 돌아오지 않는 것과 같다.

　나고 죽고, 죽고 나는 생멸법이 마치 아침 이슬방울이 해가 뜨면 사라지는 것과 같다는 것입니다. 인생이라는 것이 아침에 맺힌 이슬방울과 같으니 잠시 있다가 떠나간다는 말입니다. 그렇게 관찰하였을 때 어떻게 수행할 의욕이 생기지 않겠습니까? 또 산에 흐르는 물이 가기만 하는 것처럼 우리 인생도 가면 오지 않는 것을 확실히 알면, 이 몸이 죽기 전에 할 일은 수행밖에 없습니다. 이렇게 관찰하지 못하기 때문에 쓸데없는 망상을 갖고 쓸데없는 욕구를 갖습니다. 이와 같이 여실히 관찰하고 이해하는 것이 반야바라밀입니다.

반야바라밀의 반야도 지혜이고 십바라밀의 마지막 지바라밀의 지智도 지혜인데, 반야지혜는 12연기를 통달한 지혜로 근본지根本智이고, 지바라밀의 지혜는 후득지後得智로서 중생들을 살피는 차별지差別智입니다.

지바라밀과 같이 방편方便·원願·역力바라밀도 중생교화를 위한 이타행인데, 십바라밀이 전부 반야바라밀을 떠나서 있는 것이 아닙니다. 반야바라밀을 증득하고 나면 모든 이타행이 바로 자리행이라는 것을 알게 됩니다. 자리행밖에 없다는 것입니다. 다른 사람을 위해서 철저히 살면 그 사람을 '철든 사람'이라고 합니다. 지혜가 성숙할수록 다른 사람을 위해서 하는 일이 많은데 그것이 자기를 위한 일입니다. 그 자체가 수행과정입니다. 보살도가 높아지면 자리행뿐입니다. 그런데 하는 일은 모두 중생을 위해서 하는 것입니다. 방편·원·역·지바라밀이 육바라밀을 떠나서 있는 것이 아니고 육바라밀을 더 완성시킨다고 해서, '돕는다'라고 표현합니다.

알고 보면 반야바라밀 하나뿐인데 반야바라밀을 더 구체적으로 실천하고 돕는 것이 육바라밀이고 십바라밀입니다. 이렇게 해서 십바라밀행으로 보살도가 완성되면 성불成佛입니다.

끝으로 십바라밀이 전부 반야바라밀이라는 것과 관련된 게송을 하나 읊고 마치겠습니다.

기위제불모既爲諸佛母요
역위보살모亦爲菩薩母로다 (나무아미타불)
반야바라밀般若波羅蜜이여
시각초자량是覺初資糧이로다 (나무아미타불)

(반야는) 이미 모든 부처님의 어머니요
또 보살의 어머니이다.
반야바라밀이여,
이것은 깨달음의 처음 양식이다.

『보리자량론菩提資糧論』에 나오는 게송입니다.

자량은 식량이라는 의미입니다. 깨달음을 돕는 양식이라고 해서 보리자량菩提資糧이라고 하는 것입니다. 부처님께서는 반야바라밀을 통해서 성불하여 일체종지를 이루셨기 때문에 반야가 이미 부처님의 어머니가 되었다는 말입니다. 또 보살의 어머니가 된다고 합니다. 이것이 깨달음의 처음 양식이라는 말입니다.

수행이라는 것은 의식의 세계에서 지혜의 세계로 가는 길입니다. 항상 관찰하고, 믿고, 실천하고, 증득하면 그 다음에는 모든 이타행이 하나의 자리행으로 돌아갑니다. 그래서 세세상행보살도世世常行菩薩道가 내가 사는 행복한 길입니다. 이러한 것이 수행입니다.

(2010년 10월 28일 방영)

보법普法수행과 일법一法수행

　수행이라는 것이 무엇인가? 수행 이야기를 왜 계속하는가? 그것은 수행이 정신을 지혜롭게 하기 때문입니다. 오늘날 가장 중요한 문제가 생태계 환경 보존과 함께 인류의 정신건강인 것으로 생각됩니다. 인류가 건강한 정신건강을 갖지 못하면 큰일납니다. 부처님과 조사스님 그리고 무한한 선지식들이 다 가장 지혜롭고 건강한 정신을 가지신 분들입니다. 수행이 건강한 정신을 갖는 길이기 때문에 수행 이야기가 그렇게 중요하다는 말씀을 드리는 것입니다.

　수행의 여러 가지 방법을 말하기 전에 먼저 수행의 근본부터 말씀드리겠습니다. 나무를 보면 가지도 있고 잎도 있고 여러 가지가 있지만, 근본인 뿌리가 있듯이 수행에도 근본이 있어요. 수행의 근본이라는 것은 저 밖에서 헤매고 다니던 나그네가 편안한 자기 집에 돌아가는 것을 뜻합니다. 그리고 우리 눈이 밖의 것은 다 볼 수 있는데 자기 눈을 못 봅니다. 수행이란 자기 눈이 자기 눈을 보는 것에 비유할 수 있습니다.

그러면 자기 눈이 자기 눈을 어떻게 볼 수 있겠습니까? 어떤 사람이 어느 날 '내 눈이 어디에 있을까?'라는 생각이 들어 눈을 찾으러 다녔는데 눈을 보지 못하였습니다. 그런데 밖에서 자기 눈을 찾을 것이 아니라 지금까지 내 눈을 잃어버린 적이 없다는 것을 알았어요. 그리고 나서 딱 보니까 하늘을 보는 것도 내 눈이고, 땅을 보는 것도 내 눈이고, 사람을 보는 것도 내 눈이고, 모든 것을 내 눈이 본다는 것을 알게 됩니다. 그것이 첫 번째 자기 눈에 대한 인식 과정입니다. 두 번째는 '내가 내 눈을 보겠다.'라는 생각이 없어집니다. 세 번째는 '내가 내 눈을 보지 못한다.'라는 생각도 없어집니다.

내 눈을 잃어버렸다는 생각이 없고, 내 눈을 보겠다는 생각이 없고, 또 내 눈을 보지 못한다는 생각도 없습니다. 그대로 하늘도 보고 땅도 보고 사람도 보고 천지 만물을 다 보는 것이 자기가 자기 눈을 보는 것입니다.

수행이라는 것이 그와 같습니다. 수행이라는 것은 알 줄 아는 마음에서 모를 줄 아는 마음으로 돌아가는 것입니다. 중생의 마음은 전부 알 줄만 압니다. 그것을 분별심分別心이라고 합니다. 산다, 죽는다, 좋다, 나쁘다 등은 전부 아는 마음입니다. 분별하고 갈라놓는 마음이라는 뜻입니다. 모를 줄 아는 마음은 무분별심無分別心이라고 합니다. 모를 줄 아는 마음은 반야般若이고 보리菩提입니다. 아뇩다라삼먁삼보리阿耨多羅三藐三菩提이고 마하반야바라밀摩訶般若波羅蜜입니다. 이 모를 줄 아는 마음이 우리의 본래 고향입니다. 그래서 수행이라는 것은 '알 줄 아는 마음에서 모를 줄 아는 마음으로 돌아가는 것이다.'라고 말합니다. 이것이 수행의 근본입니다.

그러면 그러한 수행이 어떠한 방법으로 이루어지는가? 보법수행普法修行과 일법수행一法修行으로 말씀드리겠습니다. 보법수행은 '넓을 보普', '법 법法', 즉 전체 수행법을 보법이라고 합니다. 그리고 일법수행은 하나만을 중요시한다고 일법一法이라고 합니다. 마음 하나만 닦으면 다 된다는 것입니다. 마음을 돌아보는 한 법이 모든 수행을 다 포함하는 것이 일법수행입니다.

보법수행이라고 하는 것은 대승불교 전체에서 말하는 육바라밀 수행이나 십바라밀 수행처럼 일체 수행방편을 다 닦고, 마음에 지혜가 쌓여 복이 되는 그런 행위입니다. 일체 선법善法을 닦는 것이 다 수행입니다. 그것을 보법이라고 합니다. 어떤 것은 수행이 아니고 어떤 것은 수행이라는 그런 것이 아니라, 복福을 닦는 것이 수행이고 지혜智慧를 닦는 것이 수행이어서 복과 지혜가 원만구족圓滿具足한 복혜양족福慧兩足을 성불成佛이라고 합니다.

보법수행이라고 하더라도 길은 하나입니다. 무슨 길인가? 신심信心

입니다. 신심에서 시작해서 신심으로 끝난다고 하겠습니다.

처음 시작하는 신심을 신결信決이라고 합니다. 신심으로 딱 결정하는 것입니다. 망설이거나 의심하는 것이 아니라 결정하는 것입니다. 그래서 한마음[一心]이고, 지극한 마음[至心]입니다. 믿음으로 결정을 하면 그 다음에는 신구信求입니다. 무엇을 구하는가? '세상 모든 것은 다 무상하고 허망하다. 어떤 것을 구해도 없어지고 어떤 것을 만나도 사라진다. 그러니까 무상하고 허망한 것을 구할 것이 아니라 깨달음의 지혜를 꼭 구해야 하겠다.' 이러한 마음이 보리심菩提心이고, 보리를 구하고자 하는 마음을 내는 것이 발심發心입니다. 이것이 신구입니다.

이렇게 신결과 신구를 하다 보면 나중에는 모든 것이 알아집니다. 이것이 신해信解입니다. 또 앎이 깊을수록 자꾸 실천이 돼요. 이것이 신행信行입니다. 또 실천이 깊을수록 체험이 됩니다. 이것이 신증信證입니다. '염불을 오래 하면 극락세계가 있다는 걸 확실히 믿게 되느냐?'고 누가 물었어요. 그래서 '염불을 오래 하면 극락세계가 있다는 것을 믿을 뿐만 아니라 눈앞에 환히 보인다.'라고 대답했어요. 눈앞에 보이는 데는 할 말이 없잖아요. 이것이 신증입니다.

이와 같이 첫 번째는 신결, 두 번째는 신구, 세 번째는 신해, 네 번째는 신행, 다섯 번째는 신증입니다. 그 다음 여섯 번째는 신信 하나뿐입니다. 그냥 믿는 마음 하나로 꽉 찬 신만信滿입니다. 그 마음 이외에는 없어요. 그것이 가장 높은 보리도를 이룬 것입니다. 이것이 보법수행의 길입니다.

보법수행에서는 모든 만행을 닦습니다. 모든 바라밀을 다 닦습니다. 보법수행은 일체 만행 공덕을 닦지 않는 것이 없습니다. 원하는 것은 딱 하나, 보리 즉 깨달음입니다. 무엇을 하더라도 무상하고 허망하다는 것을 알기 때문에 무상하고 허망한 것을 구하는 것이 아니라 깨달음만을 구하는 것입니다. 많은 것을 닦지만, 구하는 것은 깨달음 하나뿐인 그것이 수행입니다.

그러면 '수행하는데 잡다한 이런 것은 왜 해야 하는가.'라는 생각이 들 수 있겠지만 이 생각은 잘못된 것입니다. 학교에서 보면 스님들이 '깨달음을 구하는데 왜 책을 봐야 하는가?'라는 갈등을 느끼는 경우가 많습니다. 그런데 책을 보는 것이 곧 깨달음을 구하는 일이라는 것입니다. 그것이 보법입니다.

예로 어떤 사람이 춤추는 것을 좋아한다고 칩시다. 그 사람이 낮이나 밤이나 춤만 춥니까? 아닙니다. 그 춤을 추려면 잠을 잘 곳도 있어야 하고, 또 마실 물도 있어야 하고 옷도 있어야 하고, 밥도 먹어야 합니다. 춤추기 위해서 옷을 입어야 하니까 옷을 구하러 가야 하고, 춤추기 위해서 밥을 먹어야 하니까 밥 먹을 준비를 해야 합니다. 사실은 밥값을 벌고, 옷값을 벌고, 물값을 벌지만 구하는 건 오로지 춤을 추기 위한 것입니다. 이것과 똑같은 이치입니다.

만행을 닦되 구하는 것은 오직 보리 하나인 것이 보법수행입니다. 다른 것을 구하면 보리심을 상실한 것입니다. 수행에서 보리심을 잃어버리면 그것은 생명을 잃어버린 것과 똑같습니다. 구하는 것은 오로지 보리 하나입니다.

『유마경維摩經』「부사의품不思議品」에 보면 이런 일이 있습니다. 유마 거사의 방에 사람은 많은데 의자가 없는 것을 본 사리불이 '이 많은 대중들이 어디에 앉을까?'라는 생각을 했습니다. 그러자 유마 거사가 지적했어요. "그대는 여기에 법을 위해서 왔는가? 의자를 위해서 왔는가?" 그리고 다음과 같이 말했습니다. "약구법자若求法者는 어일체법於一切法에 응무소구應無所求니라.", '법을 구하는 자는 일체법에 구하는 바가 없어야 한다'는 말씀입니다. 만약 법문을 들으러 와서 '누가 문 밖의 신발을 바꿔 가지 않을까?' '우산을 가져가지 않을까?' 이런 생각을 하고 있다면, 여기 신발을 위해서 온 것입니까, 우산을 위해서 온 것입니까? 바로 알아차려야겠지요. 신발을 구하면 신발을 구하는 것이지 구법求法이 아닙니다. 우산을 구하면 우산을 구하는 것이지 구법이 아닙니다. 무엇을 하든지 오로지 보리만을 구하는 것이 '한 보리심으로 일체 공덕을 다 닦는 것'입니다. 이것이 보법수행입니다.

그러면 일법수행은 무엇인가? 마음 하나 챙기면 다 되는 것입니다.

그 마음 하나를 챙기는 것이 일법수행입니다. 일법수행에는 '자성문自性門 수행'과 '수상문隨相門 수행'이 있습니다. 자성문 수행은 자기 본래 마음, 자기 심성을 그대로 실천하는 것입니다. 수상문 수행은 순서를 맞추어서 그 과정을 따라 해나가는 수행입니다.

『화엄경』「범행품梵行品」에 "초발심시 즉득아뇩다라삼먁삼보리初發心時卽得阿耨多羅三藐三菩提"라는 구절이 있습니다. '처음 발심할 때 바로 아뇩다라삼먁삼보리를 얻는다.'는 것입니다. 60권 『화엄경』에서는 "초발심시 변성정각初發心時便成正覺"이라고 번역되어 있습니다. '처음 발심하는 순간 정각을 이룬다.'는 것입니다. 처음 발심하는 순간 성불하고, 성불하면 바로 부처님으로 사는 것이잖아요. 그런 것이 자성문 수행입니다.

육조혜능六祖慧能 638~713 선사가 오조홍인五祖弘忍 601~674 대사를 만나서 '언하대오言下大悟, 한 말씀 끝에 크게 깨달았다.'라고 합니다. 무엇을 깨달았는가? '일체만법一切萬法이 불리자성不離自性이라', 하늘이고 땅이고 사람 몸이고 일체 만법이 자성을 떠나지 않는다는 것을 대오大悟했습니다. '대오'라는 것은 의심이 하나도 없이 완전하게 통달했다는 소리입니다. 자성 하나뿐이니까 따로 무엇을 닦는 것이 아닙니다. 여여자재如如自在, 여여히 자재해 버리는 것입니다. 그것이 '돈오돈수頓悟頓修'입니다. 돈수라는 것은 몰록 닦는다는 뜻입니다. 한 말 아래 대오를 해버렸으니 대오한 다음에는 여여자재하면 되는 그것이 돈오돈수입니다.

여여히 자재하면 부처님인 겁니다. 그것을 자성문 수행이라고 합니다.

수상문 수행에는 돈오입도頓悟入道, 관심수도觀心修道, 무심합도無心合道가 있습니다. 첫째 돈오입도는 돈오하며 도에 든다는 것인데, 도라는 것은 반야도般若道, 보리도菩提道입니다. 보리도에 드는 과정이 돈오입니다. 돈오는 나의 마음과 부처님 마음이 하나도 다를 바 없다는 것을 확실히 믿는 것입니다. 이것을 순일신심純一信心, 순일한 신심이라고 합니다.

둘째 관심수도는 마음을 관조해서 닦는 것입니다. 중생과 부처가 왜 다른가? 중생은 번뇌심을 일으키고, 부처님은 번뇌심을 일으키지 않을 뿐입니다. 부처님의 마음과 중생의 마음이 똑같음을 순일하게 믿지만, 번뇌심이 일어나는 중생은 닦아야 합니다. 이것을 관심수도라고 합니다. 마음을 관조해서 보리도를 닦는 것입니다. 이 관심수도는 항상 한결같은 신심을 갖는 항일신심恒一信心이 중요합니다.

우리는 대개 이 몸뚱이를 나라고 생각하고 일체만법은 나 아닌 밖의 것으로 압니다. 또 나 아닌 밖의 것을 자꾸 구해 들이는 반연심攀緣心을 자기 마음으로 압니다. 이것이 미혹迷惑이고 전도顚倒입니다.

그렇다면 정말로 나는 누구인가? 내 마음은 반연심이 아니라 청정심淸淨心입니다. 보리심菩提心이고, 반야심般若心이고, 무심無心입니다. 반연심은 아는 마음인데, 청정심은 모르는 마음입니다. 그 마음은 형체가 없습니다. 그러면서 아주 분명하게 다 압니다. 이 마음을 '공적영지지

심空寂靈知之心'이라고 합니다. 공적은 공공적적空空寂寂이고, 영지는 소소영영昭昭靈靈입니다. '참나'는 공공적적하면서 소소영영한 것입니다. 찾아보면 자기는 없습니다. 이것이 공공적적입니다. 그런데 보고 듣고 행동하고 움직입니다. 이것이 소소영영입니다. 그 공공적적하면서도 소소영영한 공적영지空寂靈知가 참나입니다. 그 공적영지의 참나를 돌아보는 것이 수행입니다. 그것을 회광반조廻光返照라고 합니다. 회광은 마음을 돌이키는 것입니다. 광명이라는 '광光' 자는 전깃불의 빛이 아니라 '마음 빛'입니다. 마음을 돌이켜서 공적영지의 마음을 돌아보는 것을 반조라고 합니다. 회광반조 그것이 수행입니다.

  마음 하나 놓쳐서 모든 문제가 생겼으니까 마음 하나 챙겨서 모든 문제를 해결한다는 것이 수행입니다. 마음 하나 놓치면 온갖 문제가 다 생깁니다. 그런데 마음 하나 챙기면 모든 문제가 해결됩니다. 그래서 관심수도를 하려면 '불취외상不取外相 섭심내조攝心內照'하라고 했습니다. 밖에 있는 형상을 취하지 말고 마음을 거두어들여서 안으로 보라는 것입니다. 불취不取는 취하지 않는다는 것이고, 외상外相은 바깥의 상이라는 뜻입니다. 하늘이나 땅이나 남자나 여자나 물건이나 사람이나 이것저것 쫓아다니지 말라는 것이 불취외상입니다. 그리고 섭심은 거두어들이는 것이고, 내조는 안으로 보는 것입니다. 마음을 다 거두어들여서 이것이 무엇인가를 보는 것이 섭심내조입니다.

이렇게 보다 보면 과거에 온갖 생각을 많이 해왔기 때문에 여러 가지 생각이 일어납니다. 싸웠던 생각, 힘들었던 생각, 어릴 때 어른에게 혼났던 생각 등 이런 망념이 일어납니다. 그래서 '망념홀기妄念忽起 도불수지都不隨之하라'고 합니다. 망념이 문득 일어나도 따라가지 말라는 것입니다. 쓸데없는 생각은 절대 수행이 아닙니다. 어떤 생각이 일어나더라도 일어나거나 말거나 내버려두고 오로지 보고 듣는 이 마음이 무엇인가, 그것만 살피는 것이 섭심내조입니다.

그리하여 '불파염기不怕念起 유공각지唯恐覺遲, 망념이 일어나는 것을 두려워하지 말라. 오직 각찰이 더딜까 염려하라.'고 합니다. 염기念起는 온갖 생각들이 일어나는 것입니다. 각찰覺察은 '오로지 망상이 일어나면 망상인 줄 알아서 살피는 것'입니다. 망상이라는 것을 알아서 살피면 없어져버립니다. 그래서 오직 각찰이 더딜까 염려하라는 것입니다.

망상이 일어나면 자기를 자꾸 끌고 밖으로 나가는 데 걸려드는 것입니다. 거기에 걸려들어 따라가지 말고 딱 '망상이다.' 하고 깨어나버리면 그만입니다. 그래서 '염기즉각念起卽覺 각지즉무覺之卽無, 망상이 일어나면 바로 깨달아라. 깨달으면 곧 없어진다.'는 것입니다. 그것이 마음을 닦는 하나의 방법입니다.

의식은 과거 현재 미래를 다 살피는 것이기 때문에 미래 것도 생각하고, 과거 것도 생각하고, 현재 것도 생각합니다. 생각이라고 다 나쁜 것은 아닙니다. 지금 해야 할 일이 생각나면 해야 합니다. 지금 밥때가 되었다고 하면 밥을 해야 하고, 청소할 일이 생각나면 청소를 해야 합니다. 이렇게 할 일이 생각났을 때는 그것을 버리지 말고 해야 합니다.

그런데 지금 해야 할 일이 전혀 아닌 것, 예로 '10년 후에 내가 병이 나면 어떻게 하나.'라고 걱정하는 이런 것은 망상妄想입니다. 망상이라고 바로 깨달아서 살피면 곧 없어집니다. 거기에 따라가지 않으면 그 생각이 언제 없어지는지 모르게 씻은 듯이 없어집니다. 따라가면 계속 생겨서 끝이 없습니다. '망념이 일어나는 것을 두려워하지 말아라. 오로지 그 알아서 살피는 것이 더딜까 염려하라. 망상이 일어나거든 곧 살펴라. 깨달아 살피면 곧 없어진다.' 그렇게 마음을 닦아라고 옛 선지식들이 가르쳐주셨습니다. 이것이 '관심수도'입니다.

그 다음 셋째 무심합도無心合道는 마음이 텅 비워지는 것이 무심입니다. 무심이 되면 보리, 반야와 합합니다. 그래서 돈오로 입도하고, 마음을 딱 관조하는 것으로 도를 닦고, 마지막에는 무심이 되어 도와 합해집니다.

무심은 망상, 번뇌, 망념이 하나도 없는 상태입니다. 빈 병이라고 하면 병이 없는 것이 아니라 병 안에 물건이 없는 것입니다. 빈 집이라고 하면 집이 없는 것이 아니라 집 안에 사람이 없는 것입니다. 그렇듯이 '없는 마음', 무심이라고 하면 마음 자체가 없는 것이 아니라 마음 안에

번뇌 망상이 없는 것이라는 말입니다.

　도에 있어서 무심이라는 것이 굉장히 중요합니다. 달마 대사의 「무심론無心論」이라는 논서가 전해지고 있는데 돈황에서 나온 자료에 이런 말씀이 있습니다.

　　　無心者 卽眞心也　무심자 즉진심야
　　　眞心者 卽無心也　진심자 즉무심야

　　　무심은 곧 진심이다.
　　　진심은 곧 무심이다.

　　　雖復無心 善能覺了諸法實相　수부무심 선능각료제법실상
　　　具眞般若 三身自在 應用無妨　구진반야 삼신자재 응용무방

　　　비록 다시 무심이나 제법의 실상을 잘 안다.
　　　참반야를 갖추고 삼신이 자재해서 응용이 방해롭지 않다.

　이것이 무심에 대한 설명입니다. 무심은 참마음이고, 참마음은 무심이라고 했습니다. 번뇌 망상이 하나도 없으면 무심이고 도와 합하게 됩니다. 이것이 무심합도無心合道입니다. '무엇을 열심히 해야겠다.'라는 이 마음까지도 다 녹으면 저절로 도와 합하게 되는 것입니다. 그래서 무심을 '전일신심全一信心, 온전히 하나가 된 신심'이라고 이름을 붙여봤습니다. 이와 같이 돈오입도는 순일신심純一信心, 관심수도는 항일신심恒一信心, 무심합도는 전일신심全一信心입니다.

우리 눈에 무엇인가 끼어 있으면 제대로 보이지 않고 맑은 눈이 되어야 잘 보이듯이, 마음 안에 여러 가지가 끼어 있으면 잘 안 보여요. 아무것도 없는 맑은 마음으로 보아야 여러 가지가 보이는 것입니다. 여러 가지가 보이는 것을 조용照用이라고 합니다.

이처럼 무심은 조용이며 조용은 무심입니다. 일체법이 공한 것을 보는 것이 '조照'이고, 그것을 마음대로 활용하는 것이 '용用'입니다. 무심이 되어야 생사 없는 삶을 멋지게 살 수 있습니다. 일체법이 공한 상태에서 여러 가지를 쓰니까 죽기도 하고 살기도 하고 마음대로 하는 것이지요. 무심이 되면 마음대로 이것을 비추어서 쓰고, 비추어서 쓰되 항상 무심입니다. 「무심론」에서 그 무심의 상태를 노래한 '무심송'이 있습니다.

　　석일미시위유심昔日迷時爲有心터니

이시오파료무심爾時悟罷了無心이로다. (나무아미타불)
수부무심능조용雖復無心能照用이오
조용상적즉여여照用常寂卽如如로다. (나무아미타불)

옛날에 미할 때는 마음이 있었는데,
지금 이때 깨닫고 나니 무심임을 알겠더라.
비록 다시 무심하나 능히 비추어서 쓰고
비추어서 쓰나 항상 고요하니 곧 여여하도다.

　조용照用이면서 상적常寂이고 상적이면서 조용입니다. 중국 임제臨濟 ?~867 스님의 법사 되는 황벽黃檗 ?~850 선사의 『전심법요傳心法要』에 보면, '단능무심 즉시구경但能無心 卽是究竟'이라는 말이 있습니다. '다만 능히 무심할 줄 알면 곧 가장 높은 것이다.' 무심이면 조용이기 때문입니다. 그러려면 나의 마음을 챙겨야 합니다. '보고 듣고 느끼는 이것이 무엇인가?' 그러면 입도入道도 되고, 수도修道도 되고, 합도合道도 됩니다. 마음 하나 챙기는 것에서 다 이루어집니다.
　'보고 듣고 느끼는 이것이 무엇인가?'

(2011년 3월 3일 방영)

마음공부 하는 법

'무엇인가. 무엇인가. 이것이 무엇인가. 보고 듣고 말하고 생각하고 움직이는 이것이 무엇인가. 무엇인가. 무엇인가.' 마음공부 하는 법입니다. 여러분도 한번 같이 해보시기 바랍니다. 제가 먼저 말씀드리면 따라서 마음을 챙겨가면서 한번 해보세요.

무엇인가. 무엇인가. 이것이 무엇인가!
보고 듣고 말하고 생각하고 움직이는 이것이 무엇인가!
무엇인가. 무엇인가!

소리를 크게 내는 것이 아니라 마음으로 마음을 돌이켜보는 것입니다. 이것을 마음공부라고 합니다. 마음공부는 닦을 수修, 마음 심心, 수심修心입니다. 수심은 마음을 거두어들이는 섭심攝心입니다. 마음이 왜 탁해졌는가? 마음이 항상 밖으로, 밖으로만 헤매기 때문입니다. 이렇게 헤매는 마음을 거두어들이면 맑아집니다. 그래서 섭심이 바로 수심입니다.

밖으로 밖으로 나가는 마음 하나를 불러들이면 모든 허망하고 거짓된 것들은 마음 안으로 들어오지 못합니다. 비유로 말하면 벽을 세우니 바람이 들어오지 못하는 것과 같다고 해서 섭심을 '벽관壁觀'이라고 합니다. 벽은 거짓되고 허망한 것이 들어오지 못한다[僞妄不入]는 의미의 비유입니다.

그러면 마음속에 거짓되고 허망하고 나쁜 것들이 들어오지 못하도록 차단하려면 어떻게 해야 하는가? 마음이 밖으로 밖으로 나가지 않도록 거두어들이면 됩니다. 밖으로 거두어 잡고 휘어잡아 쫓아가는 것을 반연攀緣이라고 합니다. 반연하지 아니하면 거짓되고 허망한 것이 들어오지 못합니다. 이것을 벽을 세운다고 표현하고, 벽을 세우는 것이 섭심입니다. 마음을 잘 거두어들이면 그 마음이 깨끗해지는 수심이고, 수심을 자꾸 하면 마음이 아주 밝아져서 환하게 됩니다. 그것을 명심明心이라고 합니다.

수심을 하면 보살이고 명심을 하면 부처님입니다. 삼세제불三世諸佛은 다 마음을 밝힌 분들입니다. 또 일체 보살들은 다 마음을 닦는 분들입니다. 그렇게 마음을 닦으면 마음이 원정圓淨, 원만하고 깨끗하게 됩니다. 거기서 금강정金剛定에 올라가고 무구지無垢地에 올라가 더 깨끗할 것도 없이 원만하게 깨끗해진 상태가 됩니다. 그렇게 마음을 다 밝혀 원명圓明해지면 원통圓通이 됩니다. 환하게 통해버립니다. 원통하면 어떻게 되는가, 둥글게 비추는 원조圓照가 돼요. 이것이 명심明心이 된 상태입니다.

그래서 마음 닦는 것을 비유로 말하면, 흙탕물을 더 휘젓지 않고 가만히 놔두는 것입니다. 이것이 섭심입니다. 그러면 그 흙탕물의 위에는 맑아지고 흙은 가라앉습니다. 우리는 지금까지 보고 듣고 느끼면서 온갖 것을 우리 마음속에 쌓았습니다. 그 마음을 딱 거두어들이면 현재 보고 듣고 느끼는 것을 통해서 여러 가지 거짓되고 허망한 것을 거두어들이지 않으니까 위에는 맑아집니다. 그런데 과거에 거두어들였던 것은 그냥 남아 있어요. 현재는 거짓되고 허망한 것이 들어오지 않는데 옛날 것은 남아 있는 것입니다. 현재에 잘못된 것을 쌓지 않는 경지가 수심이고, 옛날에 쌓아놓았던 것을 싹 없애는 경지가 명심입니다.

명심이면 마음이 확 밝아집니다. 그 경지를 유식唯識에서는 '부동지전자사장不動地前自捨藏'이라, 팔지 전에 옛날 심어놓은 아뢰야식의 종자를 버립니다. '금강도위이숙공金剛道爲異熟空'이라, 십지十地 후의 금강도金剛道에서 업을 짓는 것까지 완전히 없애버립니다.

그래서 '순무루純無漏'가 됩니다. 순수하게 마음이 환하게 밝아져서 쌓인 것이 없는 상태가 됩니다. 그것이 원정이고, 원통이고, 원각이고, 원명입니다. 그것이 명심입니다.

그러면 그 마음을 무엇으로 닦는가? 마음으로 마음을 닦습니다. 다른 것으로는 닦지 못합니다. 물로도 닦지 못하고, 세제로도 닦지 못하고, 걸레로도 닦지 못합니다. 마음은 마음으로 닦습니다. '무엇인가. 무엇인가. 이것이 무엇인가.' 이것 하나로 수심, 명심이 다 되는 것입니다. 그것이 마음공부입니다.

그렇다면 왜 마음공부가 필요한가? 우리나라 역사로 보면, 산업화産業化 시대에 가난해서 먹고 살기 힘들 때 돈을 벌어야 했어요. 어느 정도 먹고 사는 문제가 해결되면 인권이 중요합니다. 사람같이 살고 인정받고 사는 그때가 민주화民主化 시대입니다. 산업화, 민주화가 되고 다음에는 삶의 질이 높아지고 삶의 격이 좀 높아지는 복지화福祉化가 필요합니다. 그런데 우리나라가 산업화, 민주화, 복지화가 어느 정도 이루어졌는지 그 평가는 엇갈립니다.

지금은 복지화로 가는 단계입니다. 하지만 현대사회일수록 계층 간의 갈등이 많아요. 그 이유가 있습니다. 어떤 분은 여전히 산업화시대의 사고방식을 갖고 있어요. 그때는 돈 버는 것이 최고였습니다. 또 어떤 분은 민주화시대의 사고방식을 갖고 있어요. 그때는 투쟁이 최고입니다. 복지화시대는 어떻습니까. 지금은 서로 나누어야 합니다. 나누는 게 복지이기 때문입니다. 그리고 복지화는 그 근본이 경제와 인권을 바탕으로 하기 때문에 복지시대에 인권을 무시하거나 경제에 부당한 손실을 끼치면 용납이 되지 않습니다.

그렇다면 복지화가 어느 정도 되고 난 이후에는 어디로 가는가? 복지 역기능이라는 말도 많습니다. 복지가 어느 정도 밑바탕이 되면 사람이 꿈도 갖지 않고 자생 노력도 부족해지는 경우가 생깁니다. 복지를 역이용해서 국가도 가난하게 만들고 개인도 무력하게 만드는 경우를 복지 역기능이라고 합니다. 이때 조심해야 합니다. 세계적으로 복지화 이후에 성공한 나라가 별로 없어요.

대한민국도 복지정책을 계속 쓰다 보면 선진국 복지국가의 좋지 않은 뒤를 쫓아갈 수가 있습니다. 그러면 어떻게 하면 복지화에서 더 품격 있는 사회로 발전할 수 있을 것인가?

바로 마음공부를 해야 합니다. 이것을 '지덕화智德化'라고 부르고 싶습니다. 지덕화, 지혜의 덕을 쌓아야 합니다. 지덕을 갖추지 않으면 복지화 다음에 큰일 납니다. 사람들이 일하기 싫어하게 됩니다. 사회복지를 어느 정도 보장해주면 이것을 지덕으로 잘 소화해야 합니다. 그래서 앞으로는 지덕사회가 되어야 합니다. 지혜와 덕을 실천하는 사회가 되어야 그 복지국가가 정말 훌륭한 복지국가가 될 수 있습니다.

여기서 지혜라고 하는 것은 마음을 닦는 지혜, 마음을 밝히는 지혜입니다. 고인의 법문 중에 이런 말씀이 있습니다.

坐斷天下 좌단천하
猶如點額 유여점액
一念無念 일념무념
方始平安 방시평안

앉아서 천하를 다 항복시켰다고 하더라도
마치 이마에 혹을 붙인 것과 같다.
일념이 무념이라야
바야흐로 비로소 평등하고 안락하니라.

천하를 호령하고 천하를 항복시켰다고 하더라도 자기 마음 하나 밝히지 못하면 이마에 혹 달린 것과 같다는 것입니다. 내 마음이 평등하지 못하고 내 마음이 청정하지 못하면 천하를 호령하고 모든 것을 다 갖는다고 하더라도 평안할 수 없습니다.

그렇다면 마음은 어떤 것이기 때문에 그런가? 모든 사람은 누구나 다 구하는 마음을 갖고 있습니다. 어린아이가 태어나면서부터 우는 것도 구하는 것이고, 사람이 마지막으로 죽을 때 '내가 어디로 가는 것이냐. 나 살려달라.'고 하는 것도 구하는 것입니다. 아이고, 어른이고, 남자고, 여자고 할 것 없이 모두 구하는 마음을 갖고 있습니다. 이것이 인간 마음의 핵심입니다. 이러한 구하는 마음이 도둑입니다. 지금 없어서 구하는 것이 아니라 자꾸 더 좋은 것만 찾는 것입니다. 구하는 마음이 있는 한 절대 행복할 수 없습니다. 집안에 도둑이 있는 한 절대 부자가 될 수 없는 것과 같은 이치입니다. 구하는 마음의 성격은 구해도 구해도 만족할 줄 모른다는 것입니다. 지금 모자라서 구하는 것이 아니라 하염없이 지칠 줄 모르고 구합니다.

제가 한번 사람의 마음을 크게 깨달은 적이 있습니다. 어느 날 종각 사거리에 가서 잠시 서 있었습니다. 그런데 사람들이 누구라고 할 것 없이 왔다 갔다 왔다 갔다 하더라구요. 이 많은 사람들이 도대체 어디로 가는 것인가? 그 모습을 보며 깨달은 바가 있었습니다. 구하는 마음입니다. 가는 방향은 각기 달라도 가는 내용은 한 가지다, 무엇인가 얻으러 가고 구하러 간다는 것입니다. 아이들은 아이대로 구하러 가고, 어른은 어른대로 구하러 가고, 남자는 남자대로 구하러 가고, 여자는 여자대로 구하러 갑니다.

이 구하는 마음을 놓아두면 억 만년을 구해도 만족하지 못합니다. 고통을 피하려고 다른 것을 또 구하니까 거기에 또 고통이 있습니다. 그놈을 피하려고 다른 것을 구하니까 또 고통이 있습니다. 이 구하는 마음을 불교에서는 애취심愛取心이라고 합니다. 자꾸 좋아하고 취하기만 하니까 생사의 되풀이가 멈출 수 없는 것입니다.

이놈을 딱 거두어 잡아서, '구하는 마음, 이놈이 무엇인가.'를 살펴야 합니다. 구하는 마음, 이놈이 무엇인가? 그놈을 채우는 것이 아닙니다. 그놈을 채우려면 구하고 싶은 것을 계속 구해야 합니다. 그놈은 구하고 나면 싫다고 하고 또 다른 것을 구합니다. '저기만 가보았으면 죽어도 한이 없겠다.' 그따위 소리를 잘못 들었다가는 큰일납니다. 거기에 올라가자마자 '저기는 어떤데?' 또 다른 곳으로 달려갑니다. '이거 하나만 선물로 사주면 평생 소원이 없겠다.' 그런 소리 듣고 그것을 사주면 금방 또 다른 것을 사달라고 합니다. 그러니까 그 구하는 마음을 다스려야지 구하는 마음을 충족시켜주려고 했다가는 안 된다는 것입니다. 따라서 이 마음공부보다 천하에 더 중요한 것이 없습니다.

'이 구하는 마음이 무엇인가.' 이러한 참구를 통해서 마음이 밖으로 구하러 나가지 않게 됩니다. 밖으로 나가지 않고 안으로 살펴서 수심명심修心明心을 동시에 하는 것이 바로 '이것이 무엇인가.'입니다. 마음공부 하나에 밖으로 나가는 것을 일단 거두어들이고 섭심攝心을 합니다. '무엇인가.' 하니까 안으로 살피게 되어서 내조內照를 합니다. 내조를 통해서 마음을 밝히고 섭심을 통해서 밖으로 나가는 마음을 거두어들이니까, 이 하나로 마음공부를 다 하는 것이 됩니다.

> 일상생활을 하는 중에 보고 듣고 말하고 생각하고 움직이는 이것이 무엇인가. 다만 이 한 생각을 자세히 보고 자세히 보라. 오래오래 순숙純熟하게 하면 반드시 마음을 밝힐 날이 오느니라.

이 마음공부라는 것이 다른 게 아닙니다. '상자거각常自擧覺'하고 '지관제시只管提撕'하는 것입니다. 지관只管이라는 것은 '오직'이라는 의미입니다. 오직 '이것이 무엇인가.' 간직하고 놓치지만 말라는 뜻이 지관제시입니다. 상자거각常自擧覺은 항상 스스로 들어서 챙기라는 것입니다. 말할 때나 일할 때나 올 때나 갈 때나 언제나 '이것이 무엇인가.' 이렇게 항상 스스로 들어서 챙기기만 하면 됩니다.

마음공부를 하다 보면 문제가 생길 수 있습니다. 마음공부에 집중하고 싶은데 이런 일도 해야 하고, 저런 일도 해야 하고, 이렇게 일상생활과 마음공부가 충돌합니다. 그런데 마음공부는 일상생활 그대로 하는 것입니다. 일상생활 속에서 하는 것이지 일상생활을 떠나서 하는 것이 아닙니다.

그리고 마음공부를 하다 보면 '어떻게 하면 빨리 될 수 있을까.' 속도를 내어 빨리 하고 싶은 고민도 생깁니다. 목우자牧牛子 보조普照 1158~1210 스님의 『간화결의론看話決疑論』에서는 마음공부의 10가지 병을 이야기 하는데, 그중에서 근본 병이 빨리 깨달으려고 하는 것입니다. 오직 들이서 챙기기만 하면 되는데, 빨리 깨달아야겠다는 생각 때문에 다른 사람에게 가서 묻기도 합니다. 이것은 전부 밖으로 나가던 습관 때문입니다. 빨리 구하려는 속구심速求心이 큰 문제입니다. 그 때문에 영원히 깨닫지 못합니다.

다만 일체 생각을 배제하고 오직 '무엇인가. 무엇인가. 이것이 무엇인가.' 그렇게 탐구만 하면 되는 것입니다. 일할 때는 그냥 일하면서 '무엇인가. 무엇인가.' 또 일을 다 하면 그냥 앉아서 '무엇인가. 무엇인가.' 하면 됩니다.

중국의 대혜大慧 1089~1163 스님은 『서장書狀』을 지으신 유명한 선사인데, '응접시應接時 단응접但應接하라.'고 합니다. 항상 들어서 챙기면 되니까 사람을 만날 때에도 응접을 턱 하면서 놓지 않는다는 것입니다. 아무 형식도 필요 없고, 용맹정진을 따로 할 필요도 없고, 스트레스를 받을 필요도 없습니다. '이것이 무엇인가.' 그렇게 오래오래 하다 보면 일상생활 하는 곳이 그대로 선방이고 그대로 공부하는 처소입니다.

일상생활을 떠나서 특별히 마음공부만 하려고 하는 것은 마치 파도를 떠나서 물을 구하는 것과 같습니다. 파도가 오면 오는 대로 그대로 맞이하고, 가면 가는 대로 보내면서 항상 들어서 챙기는 것입니다. 이 것이 마음공부입니다. 그렇게 순숙純熟하게 되면 사람에 따라서 어떤 사람은 하루 만에 될 수도 있고, 또 어떤 사람은 며칠 만에 될 수도 있 습니다.

아무튼 그렇게 하다 보면 진정으로 참회할 날이 옵니다. '지금까지 이 마음을 잘못 써서 이런 삶을 살았구나.' 이렇게 참회하는 것이 진정 참회眞正懺悔입니다. 종범의 참회게송懺悔偈頌과 참회문답懺悔問答 한번 들 어보시고, 마음공부에 참고하시면 좋겠습니다.

삼십년래왕용공三十年來枉用功하니
허다언동진참괴許多言動盡慚愧로. (나무아미타불)
즉색공구신일전卽色空句身一轉하니
물물원시고도량物物元是古道場이로다. (나무아미타불)

오랜 세월 공을 그릇되이 썼으니
허다한 말과 행동이 다 부끄럽다.
'색이 곧 공이다.'라는 구절에 몸이 뚝 떨어지니,
물건 물건이 원래 옛 도량이더라.

'삼십년래왕용공三十年來枉用功', 삼십 년이라는 것은 오랜 세월이라는 말이고, 공을 그릇되이 썼다는 것은 마음 밖에서 찾았다는 것입니다. 마음 밖에서 찾는 것은 다 그릇되게 노력하는 것입니다. 마음 하나 챙기면 그것이 빠른 길인데 모든 문제를 마음 밖에서 찾으면 헛되이 노력하는 것입니다. 그래서 '허다언동진참괴許多言動盡慙愧', 오랫동안 해왔던 나의 말과 행동이 다 부끄럽다는 것입니다.

'즉색공구신일전卽色空句身一轉', 그런데 어느 날 '색이 곧 공이다'라는 구절이 머리에 딱 떠오르면서 내 몸이 뚝 떨어졌어요. 몸이 한 번 굴렀다는 의미로 구를 전轉 자입니다. 색이 곧 공이라는 것은 늘 듣던 말인데 어느 날 그 말이 딱 떠오르면서 몸이 뚝 떨어진 것입니다. 떨어질 데가 없는 방에 있었는데 그냥 뚝 떨어지는 것입니다. 그러자 '물물원시고도량物物元是古道場', 옛 도량이라는 것은 중생이다, 부처다, 범부다, 성인이다, 태어난다, 죽는다 등, 이런 것이 생기기 이전의 그 본래면목입니다. 이것이 종범이 참회하면서 기록한 글입니다.

다시 묻고 답하는 참회문답懺悔問答입니다.

眞懺悔 眞休歇　진참회 진휴헐

眞休歇 眞自在　진휴헐 진자재

如何是 眞懺悔 여하시 진참회

진정참회는 참으로 쉬는 것이고
참으로 쉬면 참으로 자재하는 것이다.
어떤 것이 참된 참회인가?

不改舊時人 불개구시인
只改舊時行履處 지개구시행리처
愼之愼之 신지신지
不犯舊行處 불범구행처

옛 때의 사람을 바꾸는 것이 아니요
다만 옛 때의 행리처를 바꾸는 것이다.
삼가고 삼가서
옛 때에 행하던 것을 범하지 말아라.

다시 묻는다.

早是犯時 如何 조시범시 여하

벌써 범했을 때는 어찌하는가?

愼之又愼之 신지우신지

不離古道場 是眞自在 불리고도량 시진자재

삼가고 또 삼가라.
옛 도량을 떠나지 않는 것이
참다운 자재이니라.

이것이 종범의 참회문답입니다.

  진정한 참회는 참으로 쉬는 것이고, 참으로 쉬면 참으로 자재하는 것이다. 그러니 어떤 것이 진참회인가? 이렇게 물은 거예요. 그러니까 옛 때의 사람을 바꾸는 것이 아니고, 다만 옛 때의 행하던 그 소행처所行處를 바꾸는 것이라고 답했어요. 행리처行履處는 행하던 소행처, 즉 행하던 행위를 말합니다.

법이라는 것이 그렇습니다. 사람을 뜯어고치는 것이 아니라 마음 쓰는 방법을 바꾸는 것입니다. '옛날에는 다 마음 밖에서 찾았는데 지금은 마음 밖에서 찾지 않는다.'라는 의미로 쓰일 때는 옛 기록에서 소행처를 행리처行履處라고 했습니다.

그러니까 이 마음을 잘 살피고 마음을 잘 닦아서 그 본래 청정한 마음과 항상 상응常應해야 합니다. 이것을 실상상응實相常應이라고 합니다. 그 본성과 항상 함께 있으면 그것이 고도량古道場을 떠나지 않는 것입니다. 이렇게 마음공부를 잘하면 천하에 이것보다 더 좋은 것이 없습니다. 기도할 때나 경을 읽을 때도 이것을 하면 참으로 효과가 있습니다. 밖으로 나갔던 마음을 불러들이고 집중해서 마음을 닦게 되어 직접적으로 섭심명심攝心明心을 함께 하는 것입니다.

자, 한 번 더 해봅시다.

무엇인가. 무엇인가. 이것이 무엇인가!
보고 듣고 말하고 생각하고 움직이는 이것이 무엇인가!
무엇인가. 무엇인가!

이렇게 공부를 이어가시면 됩니다.

대혜 스님의 『서장書狀』에 다음과 같은 아주 중요한 말씀이 있습니다.

發心有先後 발심유선후
悟心無先後 오심무선후

발심은 선후가 있고
오심은 선후가 없다.

마음공부를 해야 하겠다는 마음을 일으키는 것이 발심입니다. 그 발심은 선후가 있습니다. 먼저 발심한 사람, 나중에 발심한 사람이 있습니다. 그런데 마음을 깨닫는 데에는 선후가 없다는 것입니다. 그러니까 지금 시작해서 당장 내일 깨달을 분도 있고요, 10년 전에 시작했어도 아직 못 깨달을 수도 있는 것입니다.

깨닫고 못 깨닫고에 전혀 상관하지 않아도 됩니다. 깨닫는 것을 기다리면 그것이 장애가 되어서 깨닫지 못한다고 했습니다. 깨닫지 못하는 걸 걱정하지 말고, 깨닫는 걸 기다리지도 마시고, 오직 '무엇인가. 무엇인가. 이것이 무엇인가.' 이렇게 하시면 됩니다.

(2011년 3월 31일 방영)

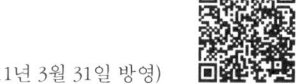

마음공부의 일상정진

　마음공부처럼 중요한 것이 없습니다. 마음공부는 내가 내 주인을 찾는 일입니다. 내가 내 주인을 찾으면 이 땅의 주인도 찾고, 저 하늘의 주인도 찾고, 우주 만법의 주인을 찾는 것입니다. 그렇게 되면 이 몸에도 자유롭고, 땅에도 자유롭고, 저 하늘에도 자유롭고, 우주 만법에도 자유롭습니다.

　주인이 아닌 상태로 살아가니까 힘이 드는 것입니다. 주인이 아닌 상태로 살아가면 종으로 살든지 꿈속에서 살든지 그렇게 살아야 합니다. 그러니까 얼마나 힘이 들고 헛된 일이겠습니까. 이 몸의 주인을 찾고, 이 땅의 주인을 찾고, 저 하늘의 주인을 찾아서, 우주 만법의 주인으로 살면 그 기쁨이 이루 말할 수가 없습니다.

　이 마음공부는 사람이라야 할 수 있습니다. 다른 중생은 공부하기

힘듭니다. 사람이라야 할 수 있는데 그것도 지금 해야 합니다. 자꾸 미루면 안 됩니다. 언제 죽을지 모르고 또 살아 있다고 하더라도 더 늙으면 공부하기 어렵습니다. 100세 인생이라고 하는데, 같은 인생이라도 50대, 60대, 70대, 80대, 90대, 100대 인생이 다 틀립니다. 똑같이 보면 안 됩니다. 60대에 할 수 있는 일이 70대가 되면 못할 수 있고, 70대에 할 수 있는 일도 80대가 되면 못하는 것이 많아요.

 마음공부도 사람으로 태어난 금생에 지금 당장 해야 합니다. 어영부영하다가 이 목숨 버리고 나면 할 수 없습니다. 미루었다가는 안 된다는 것입니다. 미루지 않고 당장 마음공부 하는 방법이 '마음공부의 일상정진'이라는 내용입니다.

  一切佛法 일체불법
  自心本有 자심본유
  將心外求 장심외구
  捨父逃走 사부도주

일체 불법이
자신의 마음속에 본래 있으니
마음을 가지고 밖으로 구하는 것은

부모를 버리고 도망해 달아나는 것이다.

『경덕전등록景德傳燈錄』에 수록되어 있는 홍인弘忍 601~674 선사의 법문입니다. 밖으로 구한다는 것은 눈에 보이는 데서 찾든지, 귀에 들리는 데서 찾든지, 손에 만져지는 데서 찾는 등입니다. 이것은 어린아이가 부모를 버리고 도망가는 것과 같다고 했습니다. 생각해보세요. 아무것도 모르는 어린아이가 부모를 버리고 나가면 어떻게 됩니까? 그것은 마치 좋은 바다를 놓아두고 낚싯밥을 무는 고기와 같습니다. 고기가 낚싯밥을 물면 어떻게 됩니까? 그 다음에 어떻게 되는지 잘 아시지요? 이처럼 마음을 밖으로 구하는 것은 물고기가 낚싯밥 무는 것과 같다고 보시면 됩니다. 왜 그러냐면 모든 고통은 구하는 데서 옵니다. 유구개고有求皆苦, 구함이 있으면 다 고통입니다. 무구개락無求皆樂, 구함이 없으면 다 즐겁습니다.

사람이 구하지 않고 어떻게 사는지 의아할 수 있겠으나, 해는 구해서 항상 뜨겁나요? 물은 구해서 항상 흐르나요? 그것이 아닙니다. 오직 하기만 하고 구하지 않는 것이에요. 모두 구하는 것에서 고통이 옵니다. 구하면 종이 됩니다. 누가 나에게 무엇을 주면 좋겠다고 생각한다면 그 순간 벌써 종이 되어 그 사람이 시키는 대로 하게 됩니다.

물이 구하는 것 없이 계속 흐르듯이, 마음공부 하는 사람은 하기만 하고 구하지는 않습니다. 구하는 데서 고통이 오기 때문에 구하지 않고 계속 하기만 하면 되는 것입니다. 그것이 마음공부입니다.

다시 예를 들면, 정원에 나무를 키우는데 그 나무에게 구하지 않고 계속 가꾸기만 하면 되는 것입니다. 자식을 키워도 키우기만 하지 뭘 바라지 말아야 해요. 바라는 데서 문제가 생기는 것입니다. 이렇게 말씀드리면 스님은 자식이 없어서 그런 소리를 한다고 생각할지 모르겠지만, 없는 사람도 알기는 압니다. 자식도 저 정원의 나무를 가꾸듯이 오직 가꿀 뿐 바라지 마십시오. 그러면 편안해요. 그러니까 밖으로 구하면 어린아이가 부모 버리고 도망해 달아나는 것과 같다고 했습니다.

그러면 앞의 게송에서 일체 불법이란 무엇인가? 삼신사지三身四智입니다. 삼신은 법신法身・보신報身・화신化身이고, 사지는 성소작지成所作智・묘관찰지妙觀察智・평등성지平等成智・대원경지大圓鏡智입니다. 『화엄경』에서는 부처님 몸을 열 가지로 보이고, 지혜에도 열 가지가 있음을 보여줍니다. 이러한 것이 모두 일체 불법인데 이 일체 불법이 자기 마음에 본래 있다고 합니다.

어째서 그러한가? 비유로 말하면, 아주 큰 과일나무가 있는데 그 나무에서 과일이 주렁주렁 엄청나게 열립니다. 그런데 그 과일이 어디에서 나왔는가? 저 해에서 나왔는가? 공기에서 나왔는가? 흙에서 나왔는가? 물에서 나왔는가? 어디에서 나왔을까요? 그 과일나무의 조그마한 씨앗 하나에서 나온 것입니다. 해마다 엄청나게 열리는 그 과일이 조그마한 씨앗 하나에서 다 나온 것이에요. 그 씨앗 하나를 버리고 과일을 찾으면 안 되는 것입니다.

씨앗이 인因이고, 햇빛이라든지 흙이라든지 물이라든지 공기 등 다른 것은 전부 연緣입니다. 그러니까 부처님이나 보살이나 일체 선지식은 다 연이고, 우리 한마음이 종자입니다. 이 종자를 잘 가꾸면 거기에서 삼신사지, 십신십지十信十地가 나오는 것입니다.

어떤 분이 "법문을 아무리 들어도 닦지 않으면 소용이 없다고 하는데, 그렇다면 우리가 지금까지 들었던 법문은 아무짝에도 소용이 없다는 말입니까?"라고 물었습니다. 아무리 햇빛이 있고, 좋은 밭이 있고, 물이 있고, 공기가 있어도 종자가 없으면 소용이 없는 것과 같이, 아무리 법문을 들어도 내가 마음을 일으켜 발심해서 닦지 않으면 도움이 안 된다는 말씀입니다. '연緣'이 아무리 잘 갖추어져 있어도 '인因'이 없으면 안 되는 것입니다. 따라서 처음 마음 낸 것이 중요합니다.

무진장한 부처님의 불법이 전부 그 마음 하나에서 다 나왔는데, 많은 선지식들이 연이 되었다는 말입니다. 닦으려고 마음을 먹으면 법문 한마디 한마디가 무척이나 소중합니다.

'심지법문心地法門'에 다음과 같은 말씀이 있습니다.

心外無法 심외무법
何有不心 하유불심
諦看諦看 제간제간
快活快活 쾌활쾌활

마음 밖에 법이 없으니
어찌 마음 아닌 것이 있겠는가.
자세히 보고 자세히 보아서
즐겁게 살고 즐겁게 살자.

이런 법문을 듣고 바로 보면 곧 깨닫는 것입니다. '마음을 떠나서 아무것도 없다.' '마음 아닌 것이 어디 있겠는가.' 그러면 '아, 모든 것이 마음에서 나오는 것이구나.' 이렇게 알고 이렇게 믿는 것을 수순隨順이라고 합니다. 따라가는 거예요. 그리고 거기에 들어가는 방법이 있으니 입문入門입니다. 입문하는 것이 마음공부입니다. 모르면 수순할 수 없고, 수순하지 못하면 입문이 되지 않습니다. 이러한 마음공부를 하는 데 중요한 지침이 되는 법문이 있습니다.

백년삼만육천조百年三萬六千朝에

반복원래시자한返覆元來是這漢이로다.　(나무아미타불!)

백년 삼만육천일에
반복하는 것이 원래 바로 이것이다.

　백년을 살면 삼만육천일인데, 그 아침마다 계속 일어나고 잠자고 일어나고 잠자고 반복하는 것이 원래 바로 이놈이라는 법문입니다. 마음 떠나서 있는 것이 없습니다. 잘 때도 이놈이고, 꿈꿀 때도 이놈이고, 올 때도 이놈이고, 갈 때도 이놈입니다. 이렇게 계속 반복해 매일 쓰면서도 이놈을 모른다는 것입니다. 그러니까 마음공부를 하는 것이 바로 내가 내 주인을 찾는 것이고, 내 주인을 찾다 보면 땅의 주인도 찾고 하늘의 주인도 찾고 일체 만물의 주인을 다 찾는다는 것입니다.
　이 '백년삼만육천조' 게송은 오조법연五祖法演 ?~1104 선사의 영정影幀 찬讚에 있습니다. 이것을 보고 고봉원묘高峰原妙 1238~1295 선사가 견성見性을 했어요. 이 게송을 바로 보는 순간에 깨달으신 것입니다. 그러면 지금 왜 깨닫지도 못했는데 이 말을 하는가? 이런 말씀을 들어놓으면 이것이 연이 되어서 어느 날 덜커덕 깨닫는 수가 있어요. 그래서 이런 말을 자꾸 들어놓아야 됩니다. 그러면 잠을 잘 때도 이 생각이 딱 떠오르면서 그냥 몸이 뚝 떨어지고 깨닫는 수가 있어요. 밥 먹을 때에도 이런 법문이 생각나면서 깨닫는 수가 있습니다. 그러니까 깨닫거나 못 깨닫거나 이런 법문을 많이 들어야 합니다. 그러면 이것이 전부 햇빛과 같고 물과 같고 흙과 같아서 그 종자 하나를 다 도와서 열매를 맺게 하는 연이 됩니다. 이것을 법연法緣이라고 합니다.

그러면 이 마음공부를 어떻게 하는가? 저번에도 한번 해보셨지요. 또 저를 따라서 한번 해보세요.

무엇인가. 무엇인가. 이것이 무엇인가!
보고 듣고 말하고 생각하고 움직이는 이것이 무엇인가!
무엇인가. 무엇인가!

이것뿐입니다. 형식도 없고 다른 절차도 없습니다. 갈 때나, 올 때나, 잠을 잘 때나, 밥을 먹을 때나 이렇게 하면 되는 것입니다. 오직 마음을 챙기기만 하면 돼요. 다른 것은 전혀 필요 없습니다. 눈을 감아도 되고 안 감아도 됩니다. 말을 하거나 안 하거나 그냥 이렇게 챙기기만 하면 되는 이것이 일상 정진입니다. 옛 어른들도 다 이렇게 가르쳐 주셨습니다.

달마達磨 ?~528? 대사를 혜가慧可 487~593 스님이 찾아갔을 때의 그 유명한 법문이 『경덕전등록』에 나옵니다.

曰 왈

諸佛法印 可得聞乎 제불법인 가득문호

師曰 사왈

諸佛法印 非從人得 제불법인 비종인득

모든 부처님의 가르침을 배울 수 있겠습니까?
모든 부처님의 가르침은 사람으로부터 얻는 것이 아니다.

　모든 부처님의 가르침을 스님을 통해서 배울 수 있겠느냐고 묻는 혜가 스님에게 달마 대사는 모든 부처님의 가르침은 사람으로부터 얻는 것이 아니라고 하셨습니다. 달마 대사의 가르침은 깨달아야 한다는 것입니다. 그렇다면 부처님의 가르침은 다른 사람으로부터 전혀 얻지 않는 것일까요? 다른 사람은 연이 되는 것입니다. 종자가 나오려면 흙이 있고 햇빛이 있어야 하듯이 사람은 연이 됩니다. 여기에서 인은 발심수행發心修行입니다.
　매일 스승 자랑만 하고 돌아다니는 사람을 종종 보게 됩니다. 스승은 연일 뿐입니다. 스승의 가르침을 받아서 그 가르침을 몸소 실천하는 자가 구도자이지 스승 자랑만 하고 돌아다니면 어쩌자는 것입니까? 스승이 밥을 먹으면 자신도 배가 부릅니까? 그것이 아니잖아요. 몸소 그 가르침의 싹을 틔우고 줄기를 키워서 열매를 내 몸에서 맺게 하는 그것이 해야 할 도리입니다.

역대로 훌륭한 사람들은 다 스승 없이 깨달았어요. 훌륭한 사람들은 그 부모보다 다 잘 되었지 부모 시킨 대로 한 사람이 어디에 있습니까? 그런데 부모가 되면 자식들에게 부모 시키는 대로 해야 한다고 말합니다. 그것은 자식을 망쳐요. 역사에서 한번 보십시오. 훌륭한 제자들이 스승 시킨 대로 뒤따라간 사람이 어디 있습니까?

석가모니 부처님께서 그 법을 보여주셨습니다. 이 스승, 저 스승 찾아다녔지만, 어느 스승의 법도 따르지 않고 당신이 직접 깨달아서 중생에게 길을 이끌어주셨습니다. 사람으로부터 얻는 것이 아니라는 말씀이 이런 뜻입니다.

그리고 혜가 스님과 달마 스님의 다음 문답이 이어집니다.

曰왈　　我心未寧 乞師與安 아심미령 걸사여안
師曰사왈　將心來 與汝安 장심래 여여안
曰왈　　覓心了不可得 멱심료불가득
師曰사왈　我與汝安心竟 아여여안심경

(혜가)왈.　제 마음이 편치 않습니다.

스님께서 편안하게 해주십시오.

(달마)사왈. 마음을 가져와라. 너를 편안하게 해주리라.

(혜가)왈. 마음을 찾아보아도 찾을 수 없습니다.

(달마)사왈. 내가 너에게 마음을 편안하게 해주어 마쳤느니라.

혜가 스님이 달마 대사에게 "제 마음이 편치 않습니다. 스님께서 마음을 편안하게 해주십시오."라고 말씀드렸습니다. 그에 대한 달마 대사의 법문이 무엇인지 다들 아시지요? "마음을 가져오라." 달마 대사는 혜가 스님에게 '마음을 가져오라'고 합니다. 불안한 마음이 꽉 있는데, 그 마음을 가져오면 너를 편안하게 해주겠다고 하니 그 마음을 얼마나 골똘히 찾았겠습니까? 그런데 마음을 찾아보아도 찾을 수 없다고 대답했습니다. 그러니까 달마 대사가 이렇게 말씀했습니다. "내가 너에게 마음을 편안하게 해주어 마쳤느니라." 이것이 마음법문입니다.

찾아보면 알아요. 거기에는 말이 붙을 수 없어요. 예를 들면 이 안경에 아무런 생각을 붙이지 말고 한번 보십시오. '안경이다', '물건이다', '유리다', 이런 것은 전부 생각입니다. 일체 생각을 붙이지 말고 이것을 한번 보세요. 모든 생각을 다 거두어내고 딱 보라는 것입니다.

마음은 몸의 주인이고, 하늘의 주인이고, 땅의 주인입니다. 아무 생각도 붙을 수 없습니다. 그것이 공적영지空寂靈知입니다. 공적하고도 신령스럽게 아는 것입니다. 이것은 하늘보다 먼저 생겼고, 땅보다도 뒤에 있고, 부모에게서 태어나기 이전부터 있는 것입니다. 그런데 보고 듣는 데 항상 소소영영昭昭靈靈한 것입니다. '그 마음을 가져오라.'는 말씀에 찾았을 때 딱 만나는 것입니다. 그러니까 달마 대사가 혜가 스님의 마음을 편안하게 해주었다는 것입니다. 이것이 마음공부의 전통입니다.

후에 혜가 대사가 삼조三祖 승찬僧璨 ?~606 스님을 만났는데 승찬 스님이 말하기를 "제자의 몸에 풍병이 가득합니다. 화상께서는 죄를 참회해주시기를 청하옵니다."라고 했습니다. 죄를 참회하는 것이 참죄懺罪입니다. 병은 죄에서 오니까 참죄하면 낫는다고 참죄해주기를 원한 것입니다. 혜가 대사가 "죄를 가져오라. 너에게 참죄를 해주리라[將罪來與汝懺]."라고 했습니다. 그 죄가 마음이고 병이 마음이에요. 죄는 자성이 없고 마음에서 일어나는 것입니다[罪無自性從心起]. 그러니까 승찬 스님이 조금 있다가 "죄를 찾아도 찾을 수가 없습니다[覓罪不可得]."라고 했습니다. 그러자 혜가 대사가 "너에게 죄를 참회해 주어 마쳤느니라[與汝懺罪竟]."라고 했습니다. 똑같아요. 찾을 수 없는 그 마음이 나의 주인입니다. 찾을 수 없는 그 마음과 딱 만나는 것이 역대로 내려오는 마음공부의 전통입니다.

사람들이 불안할 때 그 불안한 마음을 떠나서 밖으로 편안함을 찾으려는 것은 '장심외구將心外求'입니다. 그런데 '불안한 이 마음이 무엇인가. 무엇인가.' 하고 찾으면 본래 마음과 딱 만나게 되어 있습니다. 흔히 누군가 미우면 그 사람과 막 싸운다든지, 그 사람의 이름을 써서 벽에 붙여놓고 막 때린다든지, 아니면 뒤에서 막 욕을 한다든지 합니다. 이것도 저것도 아니면 속에서 열이 나서 속병이 생깁니다. 그런데 그것은 다 해결이 안 되는 방법이에요.

미울 때 '미워하는 이 마음이 무엇인가. 이 마음이 무엇인가. 무엇인가.' 하고 찾으면 환하게 밝아집니다. 고함을 지를 필요도 없고 스트레스를 달리 해소할 필요도 없습니다. '이것이 무엇인가.' 이 하나면 다 됩니다. 그것이 마음공부의 일상정진입니다. 마음은 자기가 일으켜놓고 다른 사람에게 무언가 요구하는 것은 아주 어리석은 짓입니다.

그래서 마음공부를 하는데 그 원리를 알아야 됩니다. 첫째는 '깨끗할 정淨', '마음 심心', 정심淨心입니다. 이 생각도 올바른 생각이 아니고 저 생각도 올바른 생각이 아니고, 무엇이든 한 생각을 일으키면 그것은 올바른 생각이 아닙니다. 마음은 걸레로 닦아 청소하듯이 깨끗해지는 게 아닙니다. 그렇다면 마음을 맑히는 정심공부는 어떻게 하는 것인가?『화엄경』「여래출현품如來出現品」에서는 이렇게 말씀하고 있습니다.

若有欲知佛境界 약유욕지불경계

當淨其意如虛空　당정기의여허공
遠離妄想及諸取　원리망상급제취
令心所向皆無礙　영심소향개무애

만약 부처님의 경계를 알고자 하는 이가 있다면,
마땅히 그 생각을 깨끗이 해서 허공과 같게 하라.
망상과 모든 집착을 멀리 여의어서,
마음이 향하는 곳마다 걸림이 없게 하라.

　마음을 깨끗이 하기 위해서는 아무리 좋은 생각이라도 생각을 일으켜서는 안 됩니다. 정심淨心이면 됩니다. 생각을 맑히는 것이 핵심입니다. 생각을 맑히려면 '이념離念'을 해야 돼요. 생각을 여의어야 합니다. 이념이 입문入門입니다. 생각을 여의어야 문에 들어갑니다. 그런데 그 생각이란 게 그리 쉽게 없어지나요? 생각으로 인정받으려고 막 달려드는 사람이 있어요.

　문제가 여기에 있습니다. 생각을 여의는 것이 공부인데 여전히 생각으로 '내 생각이 옳습니다. 틀림이 없습니다.' 이 따위로 한단 말이에요. 그러니까 마음공부를 했다며 스승을 찾아갈 때마다 몽둥이만 날아옵니다. 정심淨心은 이념離念이니, 생각을 여의면 청정합니다. 일체 망념을 일으키지 아니하면 그것이 청정심淸淨心이라는 말씀입니다.

　망념을 여의고 마음을 깨끗이 하는 마음공부 수행법을 다시 정리해 보기로 합시다.

　　　不取外相　불취외상
　　　攝心內照　섭심내조
　　　常自擧覺　상자거각
　　　只管提撕　지관제시

　　밖으로 취하지 말고
　　마음을 거두어서 안으로 보라.
　　항상 스스로 들어서 챙기고 살펴라.
　　오직 챙길 뿐이다.

　마음공부가 되지 않는 이유는 무언가 밖의 것을 구하기 때문입니다. 물질을 구하고 사람을 구하고 명예를 구하는 등, 자꾸 밖의 것만을 구하는 것이 마음공부를 하지 못하게 되는 원인입니다. 이렇게 말씀드리면 '밖의 것을 구하지 않고 어떻게 살 수 있느냐?'라고 반문하시는 분이 있습니다. 하기는 하되 구하지는 말라는 것입니다. 유구개고有求皆苦

입니다. 구하는 바가 있으면 괴롭습니다. 밖으로 취하지 말고 마음을 거두어서 안으로 보아야 합니다. '상자거각'의 거각은 각찰覺察이라는 말입니다. 챙겨서 살피라는 것입니다. 그리고 지관제시只管提撕는 오직 챙길 뿐이라는 말입니다. 오직 챙기면 됩니다. 이것이 마음공부 하는 핵심이고 일상정진하는 방법입니다.

    무엇인가. 무엇인가. 이것이 무엇인가!
    보고 듣고 말하고 생각하고 움직이는 이것이 무엇인가!
    무엇인가. 무엇인가!

(2011년 4월 28일 방영)

마음공부와 일상생활

우리 일상생활에서 해야 하는 마음공부에 대해 말씀드리겠습니다. 마음공부를 해야 합니다. 마음공부를 꼭 해야 합니다. 왜 그런가? 우리 인생이 의심 덩어리입니다. 아주 의심투성이입니다. 모든 것이 의심입니다. 어디서 왔는지, 어디로 가는지, 내가 누구인지 모릅니다. 눈에 보이는 저 하늘은 무엇인지, 땅은 무엇인지, 바다는 무엇인지, 하나도 몰라요. 귀에 들리는 저 소리, 손에 만져지는 이 물건은 무엇인지, 깊이 들어가면 하나도 모릅니다. 아는 것은 이름과 여러 가지 기억뿐입니다. 이름과 기억만 가지고 살아가는 것입니다.

'행복'을 말하는데 행복이 무엇인지 모릅니다. 무엇을 행복이라고 하는지 들어보면 인연이 갖추어져야만 하는 것입니다. 건강하고, 좋은 사람과 같이 있고, 뜻하는 대로 잘 풀리는 등을 행복이라고 해요. 그런데 그것은 마치 꿈과 같습니다. 그 꿈속에서 아무리 기쁨을 느낀다고 하더라도 잠을 깨면 꿈은 끝나버립니다. 잠을 깨는 동시에 꿈은 사라져버립니다.

꿈은 어디에서 왔는가? 잠에서 왔어요. 더 구체적으로는 장식藏識에서 왔다고 합니다. 꿈꾸는 마음, 꿈속에서의 활동은 제6의식의 작용이니, 그것을 몽중의식夢中意識이라고 부릅니다. 그런데 그 내용의 저장소는 장식인 것입니다. 여러 가지 보고 들은 경험을 저장하는 식識이 있습니다. 과거에 보았던 것, 들었던 것, 행동했던 것이 다 저장되는 식이라고 해서 장식이라고 합니다. 그 장식은 눈이 감기고 몸이 노곤해서 잠을 잘 때도 움직인다는 것입니다. 그래서 '장식에 쌓인 인연이 나타나는 것이 꿈이다.' 이렇게 설명하는 것을 장식연藏識緣이라고 합니다. 장식에 저장되어 있었기 때문에 꿈이 생긴다는 뜻입니다.

장식연은 일승불교一乘佛敎에서는 수면연睡眠緣이라고 합니다. 눈을 감고 잠이 들었기 때문에 꿈을 꾸니 수면의 인연으로 꿈이 생긴다는 뜻입니다. 그래서 장식으로 말하면 삼승이고 수면으로 말하면 일승에서 말하는 꿈입니다.

꿈이라는 것은 장식으로 보아도 과거에 경험했던 것, 과거에 생각했던 것이 나오는 것입니다. 경험하지 않고 생각하지 않은 것은 나오지 않습니다. 또 잠이 들지 않으면 꿈은 없습니다. 그래서 꿈에 나타난 것은 아무리 대단한 것이라 하더라도 잠에서 깨면 없어집니다. 또 우리 생활이 바뀌면 꿈도 바뀝니다. 그것이 장식이 바뀐다는 것이지요. 장식에 미국 것만 저장해놓으면 꿈을 꾸어도 미국밖에 꾸지 않습니다. 한국 것만 저장해놓으면 꿈을 꾸어봐야 한국 것만 나옵니다. 이것이 꿈의 내용입니다.

　행복이라는 것도 그렇습니다. 마치 꿈과 같습니다. 잠이 들면 꿈이 있는데 잠이 들지 않으면 꿈이 없듯이, 인연이 갖추어졌을 때는 행복이라고 여기지만 인연이 흩어지면 행복도 없어져버립니다. 이것은 전부 밖에서 얻는 것이기 때문에 바깥의 환경이 사라지면 행복도 사라진다는 말입니다. 그래서 밖으로부터 들어온 것은 참다운 보배가 아닙니다. 참다운 보배는 자기 집 안에 깊숙이 감춰져 있는 것입니다. 자기 집 안에 감춰져 있는 것이 무엇입니까? 그것이 바로 '마음'입니다. 마음이라고 이름하는 바로 그것입니다. 그것을 찾는 것을 마음공부라고 합니다.

　이제 '습마물什麼物, 무슨 물건인가?' 게송을 한번 읽어놓고 말씀을 계속 드리겠습니다.

　　　몽교종종물夢覺種種物이
　　　지시지각물只是知覺物이로. (나무아미타불!)

견문언사동 見聞言思動이여

시개습마물 是箇什麽物고. (나무아미타불!)

꿈을 꿀 때나 깨었을 때 가지가지 물건이

오직 알고 느끼는 것일 뿐이로다.

보고 듣고 말하고 생각하고 움직이는 것이여,

이것이 무슨 물건인가?!

종범의 '습마물송'입니다. 꿈은 한자로 '꿈 몽夢' 자를 쓰고 꿈을 깨는 것은 '꿈깰 교覺'입니다. 꿈에서 깨어나는 것을 '몽각'이라고 하지 않고 '몽교'라고 합니다. 글자로는 '깨달을 각覺' 자를 쓰는데 꿈에서 깨는 것은 '교'라고 읽습니다. 꿈속에서 만나는 것이 물건뿐입니다. 물건을 안 만나는 꿈은 없습니다. 꿈을 깨면 별 수 있는가, 꿈을 깨어도 전부 물건뿐입니다. 현실이 전부 물건이지요. 사람도 물건입니다. 그래서 '몽교 종종물'이에요. 종종물을 떠나서 아무것도 없습니다.

그런데 이것이 무엇인가? 지시지각물 只是知覺物입니다. '알 지知', '깨달을 각覺' 자, 이럴 때는 감각이라는 각입니다. '알고 느끼는 그것뿐'이라는 말입니다. 내가 알고 내가 느끼는 것뿐입니다. 저 하늘도 하늘이라고 내가 알고 느끼는 것뿐이고, 사람을 사람이라고 내가 알고 느끼는 것뿐이고, 이 몸 역시 몸이라고 내가 알고 느끼는 것뿐입니다. 죽고 사는 것도 마찬가지입니다. 내가 그렇게 알고 내가 그렇게 느끼는 것뿐입니다. 지각밖에 없습니다. 이것이 바로 '지시지각물'이라는 것입니다.

이 컵 하나를 보십시오. 이것이 정말 있는 것인가, 아니면 없는 것인가? 이것이 누구의 것인가? 무얼 하는 것인가? 무엇이라고 이름을 붙일 수 없습니다. 이것을 '이변삼제二邊三際가 끊어졌다.'라고 표현합니다. '이변'이란 있다, 없다, 좋다, 나쁘다라는 등이고, '삼제'란 과거, 현재, 미래에 경계 제際를 붙인 과거제, 현재제, 미래제입니다.

이변삼제가 다 끊어졌다면 없는 것인가? 이것이 있다가 금방 없어지고 또 없다가도 있습니다. 없는 것도 없습니다. 그렇다면 무엇인가? 모릅니다. 그런데 오직 지각할 뿐이라는 것입니다. '이것은 그릇이다.' '이것은 사기다.' '이것은 물을 담는 것이다.' '이것은 동그랗다.' 이렇게 표현하는 것 전부 지각일 뿐입니다.

'하늘'도 있는 것인가요? 없는 것인가요? 유무 이변이 없습니다. 또 하늘은 과거 것입니까? 현재 것입니까? 미래 것입니까? 과거, 현재, 미래 삼제도 없습니다. 그렇다면 없는 것은 있는가? 없는 것도 없습니다. 순전히 중생이 있다고도 지각하고, 없다고도 지각하고, 행복이라고도 지각하고, 불행이라고도 지각합니다. '지시지각물, 오직 지각하는 것일 뿐'이라고 한 것입니다.

이것이 나라고 누가 했습니까? 내가 있는 것입니까? 내가 없는 것입니까? 자기 지각에 자기가 속는 것입니다. 유무이변이 끊어졌습니다. 어떤 분이 찻잔 하나를 들고, "이것이 옛사람의 물건이오? 현재 사람의 물건이오? 또 아니면 미래 사람의 것이오?" 하고 물었어요. 무어라고 대답할 것입니까? 삼제가 끊어진 것입니다.

이변삼제가 붙지 못하는 것이 이 자리입니다. 그런데 왜 이 자리에 들어가지 못합니까? 자기 스스로 알고 스스로 느끼는 데 매달려서 그렇습니다. 낮에 온갖 것을 보고, 밤에는 온갖 것을 꿈을 꾸어서 봅니다. 낮에 온갖 것을 듣고, 밤에는 꿈을 꾸어서 듣습니다. 그러한 종종물은 전부 자기 지각입니다. 그러므로 지각하는 이놈이 무엇인지 밝히지 않는 한 인생의 의심과 두려움은 그칠 날이 없는 것입니다.

그래서 '견문언사동見聞言思動 시개습마물是箇什麽物'이라고 읊었습니다. '보고, 듣고, 말하고, 생각하고, 움직이는 이것이 무슨 물건인가.'를 참구하라는 것입니다. '습마물'이라고 할 때 '습什'이라는 글자는 '십'이라고도 발음이 됩니다.

이 컵을 보고 '찻잔이다.'라고 하면 지각입니다. '찻잔이라고 보는 이놈이 무슨 물건인가.'라고 참구하면 마음공부입니다. '저놈이 밉다.'라고 하면 지각이고, 저놈을 '미워하는 이것이 무슨 물건인가.'라고 관하면 마음공부입니다. 이것을 반조返照라고 합니다. 반조는 돌이킬 반返,

들을 문問, 반문입니다. 돌이켜보는 것입니다. 소리가 들릴 경우도 마찬가지입니다. '저것이 무슨 소리다.'라고 하면 지각이고, '저 소리를 듣는 이놈이 무엇인가?'라고 하면 반조입니다. 무엇을 만지면 느껴지는 이것이 촉감인데, '느끼는 이놈이 무엇인가.'라고 반조하면 그것이 마음공부입니다.

고인들은 항상 마음을 돌이켜보는 공부를 하라고 가르쳤지요. 느끼는 대로 따라가라고 가르치지 않았어요. 중생들은 느끼는 대로 따라가니까 윤회하게 되는 것입니다. 그 느끼는 놈을 돌이켜보면 해탈하게 되는 겁니다. 삼세제불三世諸佛이 느끼는 대로 따라가서 해탈하신 분이 없습니다. 그 길은 한 길뿐입니다. '일로열반문一路涅槃門이라, 한 길로 열반에 들었다.'는 것이니, 그 한 길이 무엇인가? 느끼는 그 마음을 돌이키는 하나의 길로 열반에 들었다는 것입니다.

자, 이 마음공부 잠시 하고 이어서 말씀드리겠습니다.

　　무엇인가. 무엇인가. 이것이 무엇인가!
　　보고 듣고 말하고 생각하고 움직이는 이것이 무엇인가!
　　무엇인가. 무엇인가!

평상시에 한꺼번에 보고 듣고 말하고 생각하고 움직이는 게 아닙니다. 전체적으로 말씀드리니까 그렇다는 것입니다. 어떤 것을 볼 때 '보는 이놈이 무엇인가.' 어떤 것을 들을 때 '듣는 이놈이 무엇인가.' 무엇인가 기억날 때 '기억하는 이놈이 무엇인가.' 이렇게 반문 반조하면 됩니다.

 의상義相 625~702 스님은 '반정返情'을 제시했습니다. 돌이킬 반返은 반대 반反으로도 표기합니다. 정情은 감정이라는 것인데 육정六情으로 이야기해요. 안眼・이耳・비鼻・설舌・신身・의意 육근六根에 각각 정이 붙습니다. 그 보는 감정, 듣는 감정 등 감정을 돌이킨다고 해서 반정이라 하고, 이렇게 마음공부하는 것을 '반정공부返情工夫'라고 합니다. 반정이라고 하니까 임금을 갈아치우는 것처럼 들리는데 사실 임금을 갈아치우는 것이기도 합니다. 밖으로 나간 임금을 안으로 들어오도록 하는 것이기 때문입니다. 임금 잘하라고 해서 반정입니다. 반정, 반문, 반조, 다 똑같아요. 돌이켜보면 바로 그 길이 본래 주인공을 찾아가는 길입니다.

 『능엄경楞嚴經』 제6권에 보면,

　　迷妄有虛空 　미망유허공
　　知覺乃衆生 　지각내중생

미혹하고 허망한 생각으로 허공이 있고
그것을 알고 느끼는 것이 중생이다.

라는 말씀이 있습니다. 허공은 있는 것도 아니고 없는 것도 아닙니다. 있다고 해도 허물이고, 없다고 해도 허물입니다. 있다거나 없다고 느끼는 것은 미혹하고 허망한 것입니다. 그래서 알고 느끼는 것이 중생입니다. 부처님은 정각正覺, 바르게 깨달으셨습니다. 지각을 정각으로 바꾸면 그것이 성불成佛하는 것입니다.

경에서는 또 허공이 바로 대각 즉 정각에서 나온 것이고, 그것은 바다에 물거품 하나 일어난 것과 같다고 합니다. '공생대각중空生大覺中 여해일구발如海一漚發'입니다. 이것이 『능엄경』의 법문입니다. 그러니까 정각을 얻으면 허공이다, 사람이다, 죽는다, 산다는 등이 전부 꿈노릇, 지각임을 알게 됩니다.

또 『능엄경』 제9권에 보면 다음 말씀도 있습니다.

汝等一人 여등일인
發眞歸元 발진귀원
此十方空 차시방공
皆悉銷殞 개실소운

그대 중 한 사람이

진심을 일으켜 근원으로 돌아가면

이 시방 허공이

다 사라질 것이다.

한 사람이 깨달음을 얻어 시방 허공이 다 사라지면 우리는 어디에서 사는가? 이렇게 걱정하는 분도 있지요. '시방공'이 있는 것인가, 없는 것인가? 다 자기 지각으로 느낀 지각공知覺空입니다. 전부 자기 느낌입니다. 중생이다, 부처다, 이것도 전부 지각입니다.

그런데 이변삼제가 끊어졌으니, 유변, 무변, 과거, 현재, 미래, 그런 것은 모른다는 것입니다. 색즉시공色即是空 공즉시색空即是色이라고 공空을 말합니다. 그렇다면 공은 무엇으로 자체상自體相을 삼습니까? 공의 자상自相은 불생불멸不生不滅입니다. 중생의 자상은 지각知覺입니다. 지각이 사라지면 시방 허공이 사라지고, 시방 허공이 사라지면 시방 허공 속에 있는 일체 만물이 다 사라집니다.

결국 묘각妙覺 하나뿐입니다. 묘하게 깨달은 묘각 하나뿐이라는 것입니다. 묘각은 '잘 깨달았다.'라고 해서 선각善覺이라고도 합니다. '바르게 깨달았다.'라고 해서 정각正覺이라고도 하고, '끝이 없다.'라고 해서 '둥글 원圓' 자를 써서 원각圓覺이라고도 합니다.

그렇다면 이 깨달음의 지혜가 어디서 나오는 것인가? 그것은 지각을 잘 돌이켜보아서 지각으로부터 나오는 것이지 지각을 떠나서 있는 것이 아닙니다. 그래서 마음공부를 잘하면 가만히 앉아서도 일체 의심이 다 없어지고, 일체 의심이 다 없어지면 그 자리가 정말로 사는 것같이 사는 자리입니다. 그것이 불조佛祖의 가풍家風입니다.

의심 없이 사는 것, 그것이 진정으로 사는 것같이 사는 것입니다. 내년은 어떻게 될지, 후년에 어떻게 될지, 죽은 다음에 어떻게 될지, 이런 의심이 있으면 두려움뿐입니다. 의심이 싹 풀려야 두려움이 없습니다. 일체 두려움이 없으면 그것이 묘각입니다. 지각이 묘각이 될 때 의심이 다 사라지는 것입니다.

그러면 지각이 어떻게 묘각이 될 수 있습니까? 마음을 돌이켜보는 것에서 가능합니다. 마음을 돌이키면 두려움이 전혀 없어요. 그 두려움이 없는 자리의 좋은 사례가 있습니다. 『육조단경六祖壇經』에 보면 「증도가證道歌」를 저술한 영가현각永嘉玄覺 665~713 대사가 육조혜능六祖慧能 638~713 대사를 찾아간 일화가 나옵니다.

영가 스님이 혜능 스님을 찾아가서 모자도 벗지 않고 찾아간 복색 그대로 혜능 스님을 빙빙 세 번 돌았어요. 그러고는 지팡이를 딱 세우고 서 있었어요. 그러니까 혜능 스님이 "스님이라면 위의를 잘 갖춰서 예경을 해야 하는 법이거늘, 어디서 온 사람이기에 그렇게 아만심我慢心

을 내느냐?"고 했습니다.

그러자 영가 스님이 말하기를, "생사사대生死事大 무상신속無常迅速"이라고 했습니다. "생사의 일이 크고 무상이 신속합니다."라고 대답한 것입니다. 죽고 사는 일이 큰일이고 죽음이 언제 닥칠지 모르니, 지금 절하는 순간에 죽을지도 모르는데 언제 한가롭게 인사나 하고 있느냐는 소리입니다.

육조 스님이 이어서 "어찌 생사가 없는 것을 깨달아 빠름이 없는 것을 알지 못하는가[何不體取無生 了無速乎]."라고 하니, 영가 스님이 "깨달으면 생사가 없고 깨달으면 본래 빠른 것이 없습니다[體卽無生 了本無速]."라고 답했습니다. 깨달으면 생사가 없고 깨달으면 빠른 것이 없다는 것은 맞는 말입니다. 그런데 이것도 벌써 한 발짝 늦습니다. 왜 그런가. 정말 생사가 없고 빠른 것이 없는 것은 깨닫기 전부터 있었던 것입니다. 다만 몰랐을 뿐입니다. 이런 것이 법담입니다.

통도사 경봉鏡峰 1892~1982 큰스님께서 큰절에 내려오셨을 때의 일화입니다. 통도사에는 곡식을 담아두는 2층 누각이 있었습니다. 그 2층 누각 뒤에 집이 한 채 있는데 그 집이 조그마해서 누각에 가려져 평소에 잘 보이지 않았어요. 그런데 누각을 뜯으니까 누각에 가려져 보이지 않던 조그마한 집이 환하게 드러났습니다. 그것을 보고 경봉 큰스님을 모시고 가던 사람이 "누각을 뜯으니까 이 집이 살았네!"라고 말했어요.

그러자 큰스님께서 그 말을 듣고 한 말씀을 하셨습니다. 뭐라고 말씀하셨겠어요? 큰스님께서 "뜯기 전부터 살았지."라고 하셨습니다.

그 집이 누각을 뜯은 다음에 살았나요? 뜯기 전부터 살았다는 법문입니다. 깨닫기 전부터 불생불멸不生不滅인데 몰랐을 뿐입니다. 그러니까 지금 우리가 다 생사없는 궁중에 앉아 있는데 스스로 모를 뿐입니다. 알려면 어떻게 해야 하겠습니까? '무엇인가.' 참구하는 것이 아는 길입니다. 그 집이 누각을 뜯기 전에는 다만 보이지 않았을 뿐입니다. 그렇게 도인들은 놓치지 않아요. 딱 깨우쳐주십니다. 그때 그 말씀이 제 가슴을 후려 때려서 지금까지 남아 있습니다.

'체즉무생體卽無生 요본무속了本無速'이라고 한 영가 스님의 답을 듣고, 혜능 스님은 "여시여시如是如是, 그러하고 그러하다."라고 말씀하셨습니다. 그때 영가 스님이 비로소 예의를 갖추고 인사를 드렸습니다. 이것이 또 법문입니다.

왜냐하면, 생사 없는 이 도리에 대해서 대화하기 전에 다른 것은 생각할 여유가 없어요. 대화로 서로 통한 다음에야 그 생사 없는 자리에서 앉기도 하고 서기도 하지, 그 전에 무슨 인사를 치르겠습니까. 그러다가 너의 말이 맞도다[如是如是] 하니까 그때서야 인사를 드렸습니다.

인사를 하고 그 도리를 나눴으면 끝났습니다. 그래서 "가겠습니다." 하니 "어찌 그렇게 빠른고?" 그 이후에도 대화가 이어집니다. 그것은 다음에 여러분께서 『육조단경』을 보시고 한번 공부해보시기 바랍니다. 그 뒤에도 아주 멋들어진 대화를 나누셨는데, 그것이 전부 지혜에서 오고 가는 불조의 가풍입니다.

그런데 마음공부를 하다 보면 직면하는 문제가 있습니다. 마음공부와 일상생활이 부딪치는 경우입니다. 일상생활에서 할 일을 다 끝내고 아무 일도 없을 때 마음공부 할 것이 아니라 어떤 일을 하든 그때 그 자리에서 바로 해야 합니다. 할 일 다 하고 언제 시간이 나겠습니까? 그 전에 죽으면 어떻게 됩니까? 죽음은 그렇게 빨리 오는 것입니다. 무상이 빠르다는 말이 바로 그것입니다.

직장생활과 마음공부도 절대 충돌되는 것이 아닙니다. 어떤 사람은 마음공부 하라고 하니까 사직서부터 내겠다고 합니다. 마음공부 한답시고 하던 일을 떠나서, 할 일도 하지 않고 방 안에만 틀어박혀 앉아 있는 분도 있습니다. 마음공부는 그런 게 아닙니다. 보면 보는 그놈, 일하면 일하는 그놈, 밥 먹으면 밥 먹는 그놈, 잠자리에 누우면 눕는 그놈을 바로 챙기면 되는 것이지, 무엇인가를 버리거나 치우고 나서 하는 것이 아닙니다. 이것이 아주 중요합니다.

그래서 '마음공부는 일용처日用處를 떠나지 않는다.'라고 했습니다. 일용은 일상생활입니다. 일상 바쁜 도중에도 하는 것입니다. 달이 물에 비치는데, 파도친다고 물에 비치지 않는 것은 아닙니다. 바람이 불어도 비치지 않는 것이 아닙니다. 파도가 치든, 배가 지나가든, 달빛은 항상 비칩니다. 마음공부도 그와 같이, 물에 달빛이 비치듯 하는 것입니다. 일하는 것은 바로 파도이고, '무엇인가?' 하는 것은 달빛입니다. 일이 많으나 적으나 전혀 상관없이 하는 것이 마음공부입니다.

  이 마음공부를 잘하시기 바랍니다.

(2011년 5월 26일 방영)

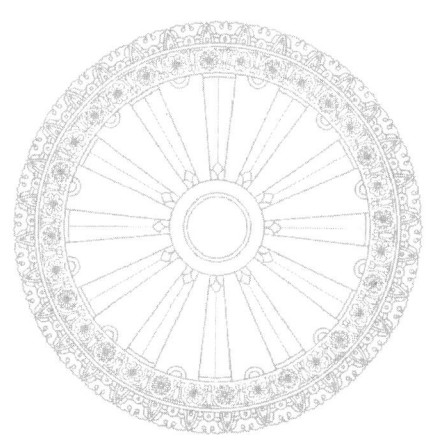

일용사日用事와 마음공부

우리의 일용사와 마음공부에 대해 말씀드리겠습니다. 일용사日用事는 '날 일日', '쓸 용用', '일 사事' 자를 씁니다. 매일 하는 일이 일용사입니다.

매일 하는 일이 무엇인가? 불교에서는 행주좌와行住坐臥라고 합니다. 돌아다니고, 머물러 있고, 앉아 있고, 누워 있는 것입니다. 또 착의끽반着衣喫飯이라고 합니다. 옷 입고 밥 먹는 것이지요. 또 아시방뇨屙屎放尿라고 합니다. 화장실에 가서 큰 볼일 보는 것이 아시이고, 작은 볼일 보는 것을 방뇨라고 해요. 이 일도 중요합니다. 큰 볼일 잘못 보면 큰일 나고, 작은 볼일도 잘못 보면 큰일 납니다. 그리고 사람과 서로 마주해서 이야기를 나누는 대인접화對人接話도 굉장히 중요합니다. 이러한 것이 모두 매일매일 하는 일입니다. 안 할 수 없는 일입니다.

사람이 산다는 것이 돌아다니고, 머물러 있고, 앉고, 눕고, 밥 먹고, 옷 입고, 큰 볼일 보고, 작은 볼일 보고, 사람 만나서 이야기하는 등입니다. 그 얼마나 중요합니까. 이것은 누구도 피할 수 없고, 미룰 수 없습니다. 여기에는 범부凡夫도 성인聖人도 없습니다. 남자도 여자도 없습니다. 누구나 해야 하는 일용사입니다.

이것 이외의 것은 기특사奇特事라고 합니다. 기이하고 특이한 일이라는 뜻입니다. 사실 기특사는 없어요. 일용사가 전부입니다. 일용사 이외에 무엇을 찾는다는 것은 다 헛된 생각입니다. 그런데 중생은 일용사 속에서는 만족할 줄 모르고 기특사를 늘 찾습니다. '어디 다른 것이 뭐 없나?' '어디 좋은 것이 없나?' 일용사에 만족하지 못하니까 기특사를 찾는 것입니다.

왜 일용사에 만족하지 못하는가? 밥을 먹으면서도 밥 먹는 데 마음이 있지 않고, 오만 가지 다른 생각이 움직입니다. 옷을 입으면서도 여러 가지 다른 생각이 움직이구요. 사람을 만나 이야기하면서도 여러 가지 생각이 움직이구요, 화장실에 가서 볼일을 보면서도 여러 가지 생각이 움직여서 어떤 사람은 아예 신문을 들고 들어간다고 합니다. 밥 먹을 때는 밥 먹으면 되는데 밥 먹을 때에도 온갖 생각을 하니까 밥을 제대로 먹지 못하고, 잠을 잘 때도 잠을 자면 되는데 온갖 생각을 하다 보니 잠도 제대로 자지 못합니다.

그래서 일용사를 잘하려면 지혜가 높아야 합니다. 배고플 때는 그냥 만족하게 밥을 먹고, 추울 때는 만족하게 옷을 입고, 목마를 때는 만족하게 물을 마시면 아무 문제가 없습니다. 그런데 중생은 온갖 생각이 많아서 잠을 잘 때도 온갖 가지를 걱정하고, 배가 고파도 걱정 때문에 밥을 잘 못 먹습니다.

그래서 이 일용사만 잘하면 됩니다. 누구도 이 일용사를 벗어난 사람이 없습니다. 거기에 온갖 근심 걱정이 있으니까, 그 근심 걱정 다 내려놓는 방법이 마음공부입니다. 마음공부를 잘하면 밥 먹을 때 밥을 잘 먹을 수 있고, 잠잘 때 잠을 잘 잘 수 있고, 사람 만나서 이야기할 때도 이야기를 잘할 수 있습니다. 그것이 마음공부의 효험效驗입니다.

그렇다면 마음공부는 무엇인가. 다른 것이 아닙니다. 마음으로 마음을 찾는 것이 마음공부입니다. 마음으로 마음을 찾는 것이에요. 그러니까 내가 나를 찾는 것, 내가 나를 보는 것, 내 마음으로 내 마음을 찾는 것, 그것이 마음공부입니다. 이 마음 하나 찾으면 잠도 잘 잘 수 있고, 밥도 잘 먹을 수 있고, 온갖 일을 다 잘할 수 있습니다.

그런데 이 마음이 무엇인지를 몰라서 벌어지는 일을 보면, 이것이 중생의 삶인데요, 내 집에서 내가 주인 노릇을 하지 못하고 머슴 노릇을 해요. 자기 집에서 머슴 노릇을 하면서 사는 것이 마음공부를 하지 못한 중생의 삶입니다. 그리고 내가 내 물건을 계속 훔칩니다. 또 때로는 내가 내 물건을 계속 부숩니다. 이것을 전도몽상顚倒夢想이라 합니다. 그런 속에서 삶과 죽음의 고통을 계속 느끼고 있으니까, 그것을 생사고해生死苦海라고 합니다.

부처님께서는 마음으로 마음 찾는 것을 가르치셨습니다. 마음으로 마음을 찾게 되면 그 모든 고통을 다 내려놓게 됩니다. 이 마음공부는 온갖 괴로움을 내려놓는 방법인 것입니다. 그것을 비유로 말하면 꿈속에서 온갖 어려운 꿈을 꾸는 것과 같습니다. 물에도 빠지고, 사람에게 매도 맞고, 취직하지 못해서 애도 쓰고, 병에 걸려 고생도 하고, 별별 고통을 다 당하다가 꿈을 딱 깨면, 그 순간에 꿈속에서 있었던 모든 일은 다 어디로 갔을까요? 하나도 없습니다. 그것과 똑같습니다.

마음공부가 바로 그런 것입니다. 힘든 꿈속에 있던 사람이 꿈 하나 깨면 모든 것이 해결되듯이, 인생살이가 힘든 것이 전부 마음에서 왔습니다. 그래서 마음공부 잘하면 그런 모든 고통이 전부 없어져서 일시에 다 내려놓게 된다는 것입니다. 그 원리가 무엇일까요?

우리나라 고려 시대에 편찬된『선문염송집禪門拈頌集』제1권에 수록된 법문에서 볼 수 있습니다. 어떤 사람이 하루는 양손에 꽃을 들고 부처님께 공양을 올리겠다고 찾아왔습니다. 그 사람에게 부처님께서 "내려놓아라."고 하셨습니다. 방하착放下着하라는 말씀입니다. 그 사람이 한쪽 손의 꽃을 내려놓았어요. 부처님께서는 또 "내려놓아라."고 하셨습니다. 그래서 그 사람이 다른 한쪽 손의 꽃도 내려놓았어요. 이제 양 손에 아무것도 없지요. 그런데 부처님께서 또 "내려놓아라."고 하셨어요. 꽃을 가져온 사람이 부처님께 여쭈었습니다. "양쪽 손의 꽃을 다 내려놓았는데 또 무엇을 내려놓으라고 하시는 말씀입니까?" 그때 부처님께서 "나는 너에게 그 꽃을 내려놓으라고 한 것이 아니다."라며 다음과 같이 말씀하셨습니다.

汝當放捨 外六塵內六根中六識 여당방사 외육진내육근중육식
一時捨却 無可捨處 일시사각 무가사처
是汝免生死處 시여면생사처

너는 반드시 외육진·내육근·중육식을 내려놓아라.
일시에 내려놓아서 내려놓을 것이 없으면
이것이 네가 생사를 면하는 곳이니라.

부처님께서는 무엇을 내려놓으라고 하신 것입니까? '놓을 방放', '버릴 사捨', 방사는 내려놓는다는 말입니다. 외육진外六塵과 내육근內六根과 중육식中六識, 즉 일체 모든 것입니다. 외육진은 밖으로 색色성聲향香미味촉觸법法이고, 내육근內六根은 안으로 안眼이耳비鼻설舌신身의意이고, 중육식中六識은 안이비설신의 육식입니다. 육근이 육진과 만나면 육식이 발생합니다. 육진, 육근, 육식의 열여덟 가지를 다 내려놓으라는 말씀입니다. 부처님께서는 이것을 일시에 다 내려놓아서 더 이상 내려놓을 것이 없으면 이것이 생사를 면하는 곳이라고 가르쳐주신 것입니다.

『반야심경』에는 육식을 '안계내지의식계眼界乃至意識界'라고 표현하고 있습니다. 이 육근, 육진, 육식의 십팔계十八界가 다 공하다고 합니다. 중생들은 이 18계에 붙들려 있습니다. 이것을 내려놓아야 해탈지견解脫知見이 나타납니다.

중생들이 육근, 육진, 육식에 매여서 생사를 벗어나지 못하니, 이 모든 것을 내려놓아 반야정견般若正見을 얻는 길이 마음공부인 것입니다. 마음공부는 마음으로 마음을 찾는 것입니다. 걱정이 일어날 때, 그 걱정만 자꾸 쫓아가면 영원히 걱정에서 벗어날 수 없어요. 그 걱정하는 마음을 돌아보아야 합니다. 그러니까 걱정이 생길 때 바로 돌이키면 됩니다. '걱정하는 이 마음이 무엇인가.' 이것이 마음으로 마음을 찾는 공부입니다.

마음공부는 이런 것이니까 오늘도 한번 해보시겠습니다. 소리를 밖으로 크게 내는 것이 아니라 안으로 깊게 하는 것이 비법입니다. 소리만 내지 마시고 깊게 마음으로 돌아보시기 바랍니다.

무엇인가. 무엇인가.
보는 이것이 무엇인가.
듣는 이것이 무엇인가.
말하는 이것이 무엇인가.
생각하는 이것이 무엇인가.
걱정하는 이것이 무엇인가.
무엇인가. 무엇인가.

잘하셨습니다. 나중에는 숙달이 되면 '무엇인가.'뿐입니다. 딱 보일 때 보이는데 '보이는 이것'이라고 할 필요가 없잖아요. 걱정이 생길 때도 '걱정하는 이것'이라고 할 것 없이 걱정을 딱 느끼니까 바로 '무엇인가.'뿐입니다. 들릴 때도 '이것이 무엇인가.' 괴로울 때도 '이것이 무엇인가.' 심란할 때도 '이것이 무엇인가.' 하면 됩니다. 감정을 따라가면 계속 헤매는 것입니다. 오직 '무엇인가.' 이것이 마음으로 마음을 찾는 방법입니다.

이렇게 하면 모든 근심 걱정이 없어지고 마음이 편안해지면서 점점 지혜가 밝아지고, 나중에는 마음의 진짜 세계를 환하게 보게 됩니다. 그 과정에서도 단계가 있습니다. 조금 마음이 밝아진다고 해서 절대 거기에 머무르면 안 됩니다. 계속 '무엇인가.' '무엇인가.' 하면 거기에서 모든 것이 해결됩니다. 중간에 멈추면 안 됩니다. 결국 '무엇인가.' 하나뿐입니다. 그것이 처음이면서 마지막입니다.

마음공부를 다른 말로 선禪이라고도 표현합니다. '선을 한다.'고 말하지요. 선이 다른 게 아니라 마음공부입니다. 선이란 무엇인가. 회광반조廻光返照입니다. '마음 빛을 돌이킨다.' 즉 '마음을 돌이키는 것'입니다. 그래서 모든 법의 근원을 통달하는 것이 선입니다.

'무엇인가.' 참구해서 마음 하나 잘 밝히면 모든 것을 통달하게 됩니다. 아무리 많이 배워도 마음 하나 밝히지 못하면, 삶은 의문투성이입니다. 책을 많이 본 사람일수록 의문이 더 많습니다. 많이 배우면 모르는 것이 없을 것 같지요? 천만의 말씀입니다. 모르는 것을 만드는 것이 배우는 것입니다. 그 짓을 하면서 우리가 삽니다. 참 이상합니다. 많이 배울수록 모르는 것이 더 많아집니다. 그것은 마음을 통달하지 못해서 그렇습니다. 마음 하나 통달하는 것이 법의 근원을 통달하는 것입니다.

이 마음공부는 일상생활을 떠나서는 할 수 없어요. 생활 속에서 하는 것입니다. 아주 은밀히 은밀히 이어지고 이어지게 합니다. 그것을 '밀밀면면密密綿綿'이라고 합니다. '밀'이라고 하는 것은 '비밀'이라고 할 때 밀密 자입니다. '면'이라고 하는 것은 이어진다는 뜻의 면綿 자입니다.

아무도 알 수 없습니다. 그러니까 밥을 먹을 때도 그냥 '무엇인가.'입니다. 밥을 먹을 때 마음공부를 하면서 먹는지, 하지 않으면서 먹는지 모릅니다. 그래서 은밀히 은밀히 하는 것입니다. 또 끊임없이 끊임없이 하는 것입니다. 이렇게 밀밀면면으로 합니다. 화장실에 가서 볼일을 보면서도 밀밀히 면면히 '무엇인가.' 걸어가면서도 은밀히 은밀히, 계속 이어지게 '무엇인가.' 이야기할 때도, 일할 때도, 법문을 들을 때도, 경을 볼 때도 '무엇인가.' 마음공부는 끝나지 않습니다. 이처럼 생활을 떠나서 하는 것이 아니라, 생활을 다 하면서 생활 속에서 계속하는 것이 마음공부의 특징입니다. 그래서 생활을 나쁘게 보면 안 됩니다. 생활 속에 진리가 있는 것인데, 다만 마음을 통달하지 못해서 알지 못하는 것뿐입니다.

부처님의 삶도 보십시오. 『금강경金剛經』에 보면 부처님께서 일어나셔서, 밥을 빌어서 기원정사에 돌아오시고, 잡수시고, 자리를 정돈하여 앉으십니다. 그것이 바로 부처님의 생활이고, 깨달음의 삶입니다. 자리에 앉으시고 난 뒤 수보리가 일어나서 부처님께 말씀드립니다. '훌륭하십니다. 제자들을 잘 이끌어주시고 제자들을 잘 가르쳐주십니다.' 이것이 이심전심以心傳心입니다. 마음으로 마음을 전하는 것이지요.

밥 먹는 데 허물이 있는 것이 아닌데도 밥 안 먹고 하려 하고, 잠자는 데 허물이 있는 것이 아닌데도 잠 안 자고 하려 하고, 말하는 데 허물이 있는 것이 아닌데도 말하지 않고 하려고 합니다. 그것은 결코 마음공부를 오래 하는 방법이 아닙니다. 잠시 용맹정진은 필요하지만, 항상 말하고 밥 먹고 옷 입는 가운데 밀밀히 면면히 이어가는 것이 마음공부입니다. 아주 간단해요. '무엇인가.' 이것뿐입니다.

한번은 통도사에서 경봉鏡峰 1892~1982 큰스님이 공양을 받으시려는데, 어떤 짓궂은 스님이 물었습니다. "아니, 도인도 밥을 드십니까?" 경봉 큰스님께서 뭐라고 대답을 하셨을까요? "부처님께서도 밥을 자셨는데?"라고 하셨습니다. 그뿐입니다. 『금강경』에 보면 부처님께서 착의끽반著衣喫飯, 밥 잡수시는 구절이 딱 나옵니다. 만약 부처님께서 밥을 잡수셨다고 안 나오면 뭐라고 대답하셨을지는 모르겠습니다.

굶어가면서 마음공부를 하겠다고 단식을 한다든지, 잠을 자지 않는다든지, 끊임없이 묵언한다든지 하는 그것은 결코 오래가지 못합니다. 그냥 밀밀히 면면히 일상생활 속에서 '무엇인가.' '무엇인가.' 하는 것이 마음공부의 기본 방법입니다.

그렇게 마음공부를 하면 어떻게 되는가? 사람이 번뇌와 고통에 시달리는 것은 두 가지입니다. 밖으로 보이는 형상과 안으로 일어나는 생각에 의해서입니다. 즉 외상外相과 내상內想입니다. 생각이 나는데 그 생각에 자꾸 끄달리고요, 눈과 귀에 뭐가 보이고 들리는 것에 계속 끄달려서 거기서부터 자꾸 고통이 생기는 것입니다.

마음공부를 하는 경우 달라집니다. 『육조단경』에서는 마음공부를 무상무념無相無念으로 한다고 말합니다. 무상무념 공부가 어떤 것이냐 하면 어상이상於相離相이고 어념이념於念離念입니다.

어상이상은 '형상에서 형상을 여의는 것'이니, 형상을 보더라도 형상에 마음을 두지 않는 것입니다. 눈을 감는 것이 아니라 형상이 눈에 보이더라도 눈에 보이는 형상에 마음을 두지 않는 것입니다. 그래서 보여도 거기에 마음을 두지 않고, 그냥 보는 이것이 '무엇인가.' 하면 되는 것입니다.

어념이념於念離念은 생각에서 생각을 여의는 것이니, 생각이 일어나도 일어나는 생각에 마음을 두지 않는 것입니다. 눈에 보여도 거기 마음을 두지 않으면 그만입니다. 귀에 들려도 들리는 것에 마음을 두지 않으면 그만입니다. 또 마음속에 온갖 기억이 다 일어나서 기분 나쁜 것이 떠올라도 거기 마음을 두지 않으면 그만입니다.

사람의 기억 속에 일어나는 것은 대체로 기분이 나쁜 일입니다. 기분 나쁜 기억이 좋은 기억보다 다섯 배는 더 강하게 남는다고 합니다. 기억에 남는 대부분은 싸웠던 것, 돈 빌려주고 못 받은 것, 어디에 갔는데 잘못된 것, 이런 것만 우르르 남아 있습니다. 그러니까 기억 속에 남아 있는 것에 의존하면 안 됩니다. 거기 마음을 두지 말아야 합니다. 이것이 어념이념입니다. 어념무념於念無念이라고도 합니다.

어떤 것이 보이고 어떤 것이 들려도 형상에 마음을 두지 않고 그냥 '무엇인가.' 어떤 생각이 일어나도 거기에 마음을 두지 말고 어념무념이 되어야 합니다. 무슨 생각이 일어나도 그 일어나는 생각에 마음을 두지 않는 것이 무념無念입니다.

생각이 일어나지 않을 수는 없습니다. 무념을 잘못 이해해서 생각이 하나도 일어나지 않는 것인 줄 아는데 그것이 아닙니다. 생각이 일어나도 마음을 안 두면 그것이 무념입니다. 그래서 일어나는 생각에 절대 마음을 두지 말고, 보이고 들리는 데 마음을 두지 말고, 그냥 가나오나 일을 하나 안 하나 언제나 '무엇인가.' 하면, 그것이 아주 바르게 공부하는 방법이에요. 마음공부가 그런 것입니다.

서산西山 1520~1604 스님이 『선가귀감禪家龜鑑』에서 이런 말씀을 하셨습니다.

見境心不起名不生 견경심불기명불생
不生名無念 無念名解脫 불생명무념 무념명해탈

경계를 보되 마음을 내지 아니하면 그것이 불생이다.
불생이 바로 무념이고, 무념이 바로 해탈이다.

우리가 경계를 보되 마음을 내지 않으면, 그것이 태어나지 않는 불생不生이라는 말씀입니다. 불생은 무념無念, 생각이 없는 것입니다. 경계를 보되 생각을 일으키지 않는 것이 바로 해탈解脫입니다. 그것을 『육조단경』에서는 '생각에 마음을 두지 말라.'고 했습니다. 마음을 두지 않으면 아무 상관이 없어요. 마음을 두기 때문에 공부가 안 되는 것입니다.

여기서 또 조심해야 할 것이 있습니다. 한참 자기도 모르게 생각으로 여기 갔다 저기 갔다 하는 중에 잠깐 정신을 차릴 때가 있습니다. 그럴 때 '아이고, 또 이렇게 생각이 많이 일어나서 헤매고 다녔구나!'라는 생각도 하지 말고, 정신 차렸을 때 바로 '무엇인가.'라고 해요. 10년을 쓸데없는 생각을 했어도 '10년을 쓸데없는 생각을 했구나.'라고 후회하지 말고, 바로 '무엇인가.' 하면 됩니다. '아, 그동안 내가 헛생각을 많이 했구나.' 이런 자책할 동안에 바로 '무엇인가.' 해야지, 자책하고 있을 시간이 없거든요. 아주 조심해야 합니다. 예를 들면 자신도 모르게 잠을 푹 자고 일어났을 때 '아이고, 내가 너무 오래 잤구나.' 그럴 시간이 없습니다. 딱 깨자마자 '무엇인가.' 해야지, '내가 잠만 많이 잤구나. 맨날 이렇다니까.' 이러면 안 되는 거예요. 생각이 일어나자마자 바로 '무엇인가.' 하면 된다는 것입니다.

이것저것 생각하지 말고 후회하거나 원망하지 말고 바로 '무엇인가.'

하라는 것입니다. 그래서 마음공부는 일상 생활하는 24시간 내내 '시시제시時時提撕'하고 '시시거각時時擧覺'하라고 했습니다. '시시'는 '끊임없이'라는 뜻이고 '제시'는 '붙들어라.'라는 말이고, '거각'은 '챙겨서 찾아라.'는 뜻입니다. 즉 '끊임없이 붙들고, 끊임없이 챙겨서 찾아라.'는 의미입니다. 시시제시 시시거각, 그것 자체가 '무엇인가.'입니다.

그렇게 되면 일상생활 속에서 그대로 마음공부가 이어지는데, 『육조단경』에서는 이렇게 말씀했습니다.

불법재세간佛法在世間하니
불리세간각不離世間覺이로다. (나무아미타불!)
이세멱보리離世覓菩提하면
흡여구토각恰如求兎角이로다. (나무아미타불!)

불법이 세간에 있으니,
세간의 감각을 떠나지 아니한다.
세간을 떠나서 깨달음을 찾으면,
흡사 토끼뿔을 구하는 것과 같다.

일용사를 떠나서 기특사를 구하려고 하면 안 된다는 것입니다. 일용사 중에 끊임없이 '무엇인가.' '무엇인가.' 하면 그 마음공부 하나로 모든 병마病魔, 다시 말해 병 드는 고통을 다 이길 수 있습니다. 모든 어려운 고통이 전부 마장魔障인데 그 온갖 마장장애가 다 눈 녹듯이 사라집니다. 온갖 근심 걱정을 다 내려놓을 수 있다는 말씀입니다.

그러니까 걱정이 될 때 이것은 장애니까 걱정에 쫓아가지 말고 '걱정하는 이놈이 무엇인가.' 아플 때 아프다고 고함만 지르지 말고 '아파하는 이놈이 무엇인가.' 괴로울 때 괴롭다고 원망하지 말고 '괴로워하는 이놈이 무엇인가.' 이렇게 하면 됩니다. 모든 장애가 다 해결되는 길이 마음공부에 있는 것입니다.

(2011년 6월 30일 방영)

마음공부의 삼요三要와 십병十病

 마음공부 하는 데 세 가지 중요한 것과 열 가지 병통이 있습니다. 결수삼요決須三要와 십종병통十種病痛입니다. '결수'는 결정적이고 필수적인 것이라는 말이고, 병통은 잘못해서 헛고생하니 없애야 한다는 뜻입니다. 그것에 세 가지와 열 가지가 있는 것입니다.
 마음공부라는 것은 마음으로 마음을 챙기는 것입니다. 챙기는 것도 마음이고 또 챙겨서 얻으려고 하는 것도 마음입니다. 마음으로 마음 챙기는 것, 마음으로 마음 찾는 것이 마음공부이니까, 세상에 이것보다 더 쉬운 게 없겠지요.
 마음으로 마음 챙기는 것을 비유로 말하면 '내 집에서 내 집에 가는 것'입니다. 내 집에서 다른 집에 가는 게 아니라 내 집에 가는 것이 마음공부입니다. 마음으로 마음 챙기는 것이기 때문입니다. 내 집에서 내 집에 가는 것처럼 쉬운 게 어디 있겠습니까?

또 마음공부는 '자기가 자기를 찾는 것'입니다. 자기는 하나입니다. 둘이 아닙니다. 나라는 게 둘도 되고 셋도 되고 여럿이 된다면 이것이 나인지, 저것이 나인지, 구분하기 어렵겠지만 나는 하나입니다. 하나인 내가 하나인 나를 찾는데, 세상에 이보다 쉬울 순 없겠지요. 자기가 자기를 찾는 것, 이것이 마음공부입니다.

또 마음공부는 '자기 눈이 자기 눈을 보는 것'입니다. 자기 눈이 있지요? 그 자기 눈이 자기 눈을 보는 것은 좀 어렵나요? 내 눈이 다른 것을 보려면 자세히 보아야 해서 어렵겠지만, 내 눈이 내 눈을 보는 것은 그 얼마나 쉬우려면 쉽겠습니까? 아무튼 내 눈이 내 눈을 보는 것이 마음공부라는 말씀입니다.

그런데 마음공부를 왜 해야 하는가? 할 일이 많은데 무엇 때문에 마음공부를 해야 하는가? 이렇게 생각할 수 있겠습니다만, 마음공부를 해야 하는 이유가 있습니다.

마음공부를 하지 않고 그냥 중생으로 살아가는 것은 참 답답하고 안타까운 일입니다. 왜 답답하고 어떻게 안타까운가? 마음공부 하지 않고 사는 중생의 삶은 자기 집에서 머슴살이하며 사는 것과 같습니다. 자기 집인데도 자기 집인 줄 모르고 평생 머슴살이하는 것입니다. 자기 집에서 주인 노릇은 한 번도 하지 못하고 매일 머슴 노릇만 하고 사는 겁니다. 그러니 어떻게 안타깝고 억울하지 않을 수 있겠습니까?

그리고 마음공부를 하지 않고 살아가는 중생의 삶은 '내가 내 물건을 계속 훔치면서 사는 것'입니다. 내가 내 물건을 계속 훔쳐요. 평생 자기가 자기 물건 훔치면서 사는 것이 마음공부 하지 않고 어리석은 생각으로 평생을 살아가는 것입니다.

그리고 마음공부를 하지 않고 어리석은 마음으로 그냥 살아가는 중생의 삶은 자기가 그린 그림에 자기가 놀라서 기절하며 사는 것과 같은 것입니다. 그것이 마음공부를 하지 않고 살아가는 중생의 삶입니다. 그러니 마음공부처럼 중요한 공부가 또 어디 있겠습니까?

이러한 마음공부를 하는 데 '결수삼요'가 있습니다. 삼요三要는 대신근大信根과 대분지大憤志와 대의정大疑情입니다.

첫 번째 대신근大信根은 큰 신심의 뿌리입니다. 신심의 뿌리라는 것은 '이것이 내 마음을 내가 찾는 것이기 때문에 도저히 안 될래야 안 될 수 없다.'라는 믿음입니다. 다른 데 가서 무엇을 찾는 것이 아니라, 내 마음을 내가 찾는 것이니까 안 될 수 없고 더딜 수 없다고 확고부동하게 믿는 것이 대신근입니다. 이것은 큰 수미산과 같습니다. 저 높은 수미산을 의지하고 있으면 불안함이 없습니다. 수미산이 무너질 염려를 할 필요가 없기 때문입니다.

두 번째 대분지大憤志는 대분심입니다. '분할 분憤' '뜻 지志', 분지는 분심이니 분해서 미룰 여가가 없는 것입니다. 막 분심憤心이 차오르면 씩씩거리고, 당장 무슨 말이라도 해야 하고, 주먹이라도 쥐어야 하잖아요. 이렇게 분심이 있어야 합니다. 분심이 있어서 그냥 해버려야만 직성이 풀리는 것을 일도양단一刀兩斷이라고 표현했어요. 칼은 하나인데 칼에 부딪히는 물체는 두 동강이 나버리거든요. 이렇듯이 '한칼로 끝장을 내야 한다.'라는 것이 분심입니다. 역대 수많은 사람들이 깨달았고, 마음을 찾아서 생사해탈하고, 무량한 법락法樂을 누렸는데 나는 왜 안 되는가? 이러한 분심이 일면 일도양단하고 미루지 않습니다. 칼을 딱 잡았으면 무엇이든지 베어버리지, 그냥 놔두는 법이 없는 것이 분심입니다.

세 번째 대의정大疑情은 큰 의심입니다. '큰 대大' '의심 의疑' '감정 정情', 대의정이란 '이 마음이 무엇인가?' '보는 이것이 무엇인가?' '듣는 이것이 무엇인가?' 이렇게 의심을 일으키는 것입니다. 눈이 본다는데, 그것이 아닙니다. 마음이 보는 것입니다. 안眼・이耳・비鼻・설舌・신身・의意가 다 있지만 전부 마음 하나뿐이에요. 그것을 자성自性이라고 합니다. 듣는 자성 따로 있고, 보는 자성 등이 따로 있는 것이 아닙니다. 절대 복잡하지 않습니다. 자성은 하나뿐입니다. 그러니까 자성이 보고, 자성이 듣는 것입니다. 보는 것도 한 자성이고, 듣는 것도 한 자성입니다. 자성은 여러 가지가 아닙니다.

진여자성眞如自性이 용用을 일으키면[起用] 견문각지見聞覺知가 됩니다. 보고 듣고 느끼고 생각하는 것이 전부 진여자성이 용을 일으키는 것이지, 보는 주인 따로 있고, 듣는 주인 따로 있고, 느끼고 말하는 주인 따로 있는 것이 아닙니다.

자성이 하나인데 보기도 하고 듣기도 합니다. 보고 듣는 것이 마음이라는 말입니다. 그러니까 '이것이 도대체 무엇인가.' 이것은 스스로 보아야 해결되지, 보지 않으면 해결되지 않습니다. 그래서 의심이 들어야 합니다. '이것이 무엇인가.' 설명은 필요 없습니다. 아무리 설명을 들어도 보지 않으면 해결되지 않습니다. 보기 전에는 어떻게 해볼 도리가 없는 것입니다. '이것이 도대체 무엇인가.' 이것을 '대의정'이라고 합니다.

이것을 어두운 방 안 보물찾기에 비유합니다. 깜깜한 어두운 방에 있는 중요한 보물을 찾는데, 이 보물이 나올 듯하면서 안 나오고 나올 듯하면서도 안 나와 애타는 그런 심정과 같이 의심을 일으키는 것을 대의정이라고 합니다. 틀림없이 있어요. 이 마음이 이 몸을 떠나서 있는 것이 아니잖아요. 값이 어마어마해서 그거 하나 찾으면 대박인 보물이 틀림없이 있어요. 그런데 이 보물이 나올 듯하면서도 안 나오고, 나올 듯하면서도 안 나오니, 그런 보물을 찾는 것과 같은 심정으로 의심을 일으키는 것이 대의정이라는 것입니다.

이러한 대신근, 대분지, 대의정, 이 세 가지가 하나라도 없으면 안 된다고 해서 '결수삼요'라고 합니다. 아주 결정적이고 필수적인 세 가지 중요한 것입니다. 이 법문은 전문강원에서 공부하는 '사집四集' 과목 중 『선요禪要』에 자세히 나옵니다.

이 세 가지는 삼족정三足鼎에 비유됩니다. 삼족정은 세 발 달린 솥입니다. 세 발이 달려야 솥이 서는데 발 하나라도 떨어지면 솥이 서지 못하는 것과 같다고 했습니다. 당장 하고자 하는 분심이 없으면 미루어 놓고 얼른 하지 않습니다. 하루 미루다 보면 1년을 미루고, 1년을 미루다 보면 10년을 미뤄서 시간이 그냥 가버립니다. 그리고 간절한 의심이 없어도 안 되고, 신심이 없어도 안 됩니다. 신심, 의심, 분심, 이것이 딱 갖추어졌을 때 마음공부가 된다고 해서 '결수삼요'라고 합니다. 결정적으로 필수적으로 이 세 가지를 갖추어야 된다는 것입니다.

반면 마음공부 하는 데 절대 있어서는 안 되는 열 가지를 '십종병통十種病痛'이라고 합니다. 마음공부의 십종병통 가운데 첫째가 '의근하복탁意根下卜度, 생각으로 헤아리는 것'입니다. 복탁은 '점칠 복卜' '헤아릴 탁度' 자입니다. 예로 마음이 어떨 것이다, 마음이 가슴에 있을 것이다, 마음이 머리에 있을 것이다, 이렇게 생각하는 것이 전부 의근하복탁입니다. 생각으로 헤아리는 것이 병통입니다. 이렇게 해서는 절대 안 되고 오로지 '무엇인가!'라고 참구해야 합니다.

십종병은 모두 한마디로 생해生解라고도 합니다. 생해란 날 생生, 알 해解 자, 견해見解를 내는 것입니다. 어떤 견해이든지 견해를 내면 병통입니다. 부처님이라는 견해, 중생이라는 견해, 산다는 견해, 죽는다는 견해 등 견해를 내면 이것은 화가 됩니다. 무슨 소견이라도 소견을 일으키면 마음공부는 끝장입니다. 소견 일으킨다고 세월만 가고, 애만 먹고, 마음공부는 되지 않습니다.

　생해가 병이라면 마음공부는 참구參究입니다. '참여할 참參', '연구할 구究' 자, 참구를 옛날에는 '찾는다'라고 번역했습니다. '무엇인가!' 하고 찾는 것이 참구입니다. 견해를 내면 병病입니다.

　알고 보면 10가지 병이 모두 이 견해를 내는 것이라고 하겠습니다. 생해는 병이고 참구는 공부입니다.' '무엇인가!' 이렇게 참구하면 마음공부가 되는 것입니다. 참구를 하면 생각은 저절로 멈춰버립니다. 생각을 멈추려고 애쓰면 오히려 생각은 계속 일어납니다. 그냥 '무엇인가!' 찾으면 생각이 붙을 데가 없습니다.

　예로 『반야심경』을 한 자 한 자 정성을 다해서 열심히 읽으면, 『반야심경』을 읽는 동안에는 다른 생각이 잘 들어오지 못합니다. 그것과 같습니다. 그러니까 무엇인가 하는 동안에는 다른 생각이 들어오지 못합니다. 들어왔다고 하더라도 본체만체 해버리면 꼼짝하지 못합니다. 그래서 마음공부하는 동안에는 무엇이 들려도 신경 쓰지 말아야 합니다.

신경을 쓰지 않으면 들려도 그만입니다. 무엇이 보여도 환영하지 않으면 그냥 맥을 못 춥니다. 무슨 생각이 떠올라도 맞아들이지 않으면 그냥 사라져 버립니다. 이것이 마음공부의 아주 중요한 점입니다.

둘째는 '양미순목처타근揚眉瞬目處垜根, 눈썹을 움직이거나 눈을 깜빡이는 것에 매달려 집착하는 것'입니다. 선지식이 공부하는 사람들에게 신심이 일어나게 하기 위해서 눈을 깜박거리거나, 눈썹을 움직이거나 하는 경우가 있습니다. 그렇게 선지식이 어떤 표정으로 보일 때, 거기에 집착하지 말라는 것입니다. '타근'은 '화살받이 타垜', '뿌리 근根' 자로 중국말인데, 과녁 뒤에 불룩하게 쌓아놓은 흙더미가 타근입니다. 화살받이 과녁을 향해서 계속 화살을 쏘듯이, 나무뿌리가 아래로 아래로 스며들어 뿌리박듯이, 한쪽으로 집착하고 머물러 매달리는 것을 타근이라고 해요. 선지식이 눈을 깜박거린다든지 눈썹을 움직인다든지 이렇게 해서 법을 보일 때, 거기에 화살 쏘듯이 나무가 뿌리내리듯이 거기에 매여서 깨달으려고 하지 말라는 겁니다. 그러니까 밖에서 얻으려고 하거나 자기 생각으로 헤아리려는 것은 전부 병입니다. 내 마음을 내가 챙기는 것이 마음공부의 핵심입니다.

셋째는 '어로상작활계語路上作活計, 말 길에서 활계를 짓는 것'입니다. 무슨 말을 가지고 이리저리 해석하는 것은 다 소용이 없습니다.

넷째는 '문자중인증文字中引證, 문자에서 증거를 끌어오는 것'입니다.

문자를 보고 '아, 이런 말이 있으니까 이것이 깨달음이로구나,' '아, 이런 말이 있으니까 이것이 참마음이구나.' 이렇게 문자를 증거로 들이대고, 문자에서 무엇을 얻으려고 하지 말라는 것입니다.

다섯째는 '거기처승당擧起處承當, 들어 제기하는 것에서 아는 것'입니다. '거기처'는 '들 거擧', '일으킬 기起', '곳 처處' 자이고, '승당'은 '이을 승承', '마땅 당當' 자인데 이것도 중국말입니다. 이어 받아서 내가 안다는 의미입니다. 아는 것을 승당이라고 해요. '거기처'는 많은 분들이 '화두를 드는 곳'이라고 잘못 번역하고 있어요. '거기'라고 하는 것은 거시제기擧視提起이니 '들어 보여서 잡아 일으킨다.'라는 뜻입니다. 거시제기라는 말은 『서장書狀』에 보면 대혜大慧 1089~1163 스님이 진소경陳少卿이라는 분에게 답을 할 때, '개구처승당開口處承當'을 하지 말라고 하셨습니다. '입을 여는 곳에서 알려 하지 말라.'는 것입니다. 즉, '거기'는 '선지식이 법을 보이고 들어서 설법하시는 것'입니다. 간단히 말해서 '선지식이 입을 열어서 설법하시는 것'입니다. 또 다른 편지에서는 지금 사람들이 '재문거기纔聞擧起'한다는 표현이 있습니다. '들어서 제기하는 것을 듣기만 하면'이라는 뜻입니다.

이것을 종합해서 보면 '거기'라는 것은 선지식들이 무엇을 제기해서 법문을 하면 그 법문에서 깨달으려고 애를 쓰는 것입니다. 거기에서 알아맞추려고만 하는 것입니다. 다시 말해 노력을 하나도 하지 않고,

순전히 쉽게 하려는 것이 아주 병통입니다. 밖에서 얻으려고 한다든지, 자기 생각으로 알아내려고 하는 것은 절대 하면 안 됩니다. '설법하는 그것을 듣고 그 자리에서 알려고 애쓰지 말라.'는 것입니다. 그렇다면 설법은 왜 듣는 것인가? 설법을 듣고 나를 찾아야 합니다. 나를 찾는 데 도움이 되는 것이지, 그것 자체에서 내가 무엇을 아는 것이 아닙니다. 그것이 '거기처승당'을 하지 말라는 것입니다.

여섯째는 '좌재무사갑리坐在無事甲裡, 일 없는 껍데기 속에 앉는 것'입니다. '무사갑'은 '일 없는 갑옷 속'입니다. '갑옷 갑甲' 자는 '상자 갑'이라고도 합니다. '아무 일 없는 껍데기를 쓰고 앉아 있지 말라.'는 의미입니다. 마음공부를 잘못하면 하는 일 없이 세월을 보내는 수가 있어요. 그래서 '일 없는 껍데기 속에 앉아 있지 말라.'는 것입니다. 앉아 있는 것은 다른 사람이 볼 때 마음공부를 하는 것인지, 가만히 앉아 있는 것인지 모르잖아요. 그래서 아무 하는 일 없이 세월 보내지 말라는 것입니다. 이것은 흔히 올 수 있는 병입니다. 여기 나오는 십종병이 말하자면 전부 임상 실험해서 확인된 병들이에요.

일곱째는 '작유무회作有無會, 있고 없다는 알음알이를 짓는 것'입니다. 마음이 있는 것인가, 없는 것인가? 있다, 없다라는 견해를 일으키지 말라는 뜻입니다.

여덟째는 '작진무회作眞無會, 참으로 없다는 알음알이를 짓는 것'입니다. 참으로 없다는 견해를 일으키지 말라는 뜻입니다.

아홉째는 '작도리회作道理會, 도리라는 알음알이를 짓는 것'입니다. 마음은 이런 도리일 것이다, 이런 이치일 것이라는 등의 견해를 내지 말라는 것입니다. 견해를 내는 것은 다 병통이라고 했습니다. 공부는 참구라고 했어요. 마음공부에 '이럴까?' '이럴 것이다.'라는 등은 다 소용이 없어요. 오로지 '이것이 무엇인가!' 참구만이 마음공부입니다. 이것이 참으로 불가사의한 노력이고, 불가사의한 공덕功德입니다.

열째는 '장미대오將迷待悟, 미혹한 마음을 가지고 깨달음을 기다리는 것'입니다. '나는 언제 깨달을까?' 깨달음을 기다리는 것이 깨달음을 얻지 못하게 하는 큰 병통인 것입니다.

마음공부는 오로지 '이것이 무엇인가!'뿐입니다. 이것을 놓치지 말고 챙겨서 살펴야 합니다. 그러면 일체 망상이 뚝 끊어집니다. 망상이 돈절頓絶함과 동시에 자견자오自見自悟를 해요. 망상이 몰록 끊어지고, 스스로 보고 스스로 깨닫는다는 것입니다. 망상에 늘 끄달려가는 것은 마음공부가 아닙니다. 망상에 끄달려 간다는 것은 내가 생각을 내기 때문입니다. 생각이 떠오르더라도 그 생각을 따라가지 않으면 그만인데, 생각이 일어나면 따라갑니다. 그러니까 망상을 일으키지 말라는 것은 망상이 일어날 때 따라가지 말라는 말입니다. 이것이 마음공부의 핵심입니다.

강원에서 공부하는 '사집四集' 과목 중 『서장書狀』에도 이러한 말씀을 했는데, 그것을 '십종병十種病'이라고 정리한 분은 고려 시대 목우자牧牛子 보조지눌普照知訥 1158~1210 스님입니다. 그리고 서산西山 1520~1604 스님이 『선가귀감禪家龜鑑』에 그 십종병에 대한 주석을 달아놓았어요. 그러므로 '마음공부 십종병'이라고 하는 것은 한국에서 정리해서 가르치는 내용이라고 할 수 있습니다.

마음공부는 이렇게 중요합니다. 그리고 아주 간단합니다. 해석하지 말고, 기다리지 말고, 밖에서 찾지도 말고, '무엇인가!' 참구하면 됩니다. 무엇이 보이면 '보는 이것이 무엇인가.' 또 들으면 '듣는 이것이 무엇인가.' 항상 '무엇인가.'입니다. 누가 욕을 해도 '무엇인가.' '그 욕하는 것을 듣는 이 마음이 무엇인가.'라고 하는 것입니다. 보는 것도 듣는 것도 전부 자기 마음, 한마음입니다. 두 가지 마음이 아닙니다. '무엇인가.' '무엇인가.' 참구할 뿐입니다. 처음에는 '보는 것', '듣는 것', '생각하는 것'이 있으나, 나중에는 '무엇인가.'뿐입니다. 딱 보이면 '무엇인가.' 딱 들리면 '무엇인가.' 잠잘 때 '잠드는 이놈이 무엇인가.' 그것이 참구입니다.

그렇게 하다 보면 망상이 딱 두절되어서 자기 참마음을 보게 됩니다. 그것을 '답착비공踏着鼻孔, 콧구멍을 밟는다.'라고 합니다. 콧구멍을 밟는 순간, 입은 막힙니다. '콧구멍은 열리고, 입은 닫혔다.' 그렇게 되면 말할래야 말할 수가 없어요. 콧구멍이 열리지 않았으니까 입으로만 말하는 것이지, 콧구멍이 열리는 순간에는 그냥 '아!'뿐입니다. 그래서 콧구멍 열리는 순간에는 말할래야 말할 수 없고, 말을 하지 않을래야 하지 않을 수 없습니다. 이것이 '답착비공'의 경지입니다. 그것이 마음공부의 자견자오自見自悟입니다. 물을 마셔본 사람만이 물이 더운지 차가운지 아는, 그런 경지가 마음공부입니다.

이 마음공부는 그렇게 복잡한 것이 아닙니다. 내가 딱 마음먹고 하는 데 있다는 겁니다. 대혜大慧 1089~1163 선사의 『종문무고宗門武庫』라는 책이 있습니다. '무인의 창고'라는 비유인데, 거기에 이런 법문이 있습니다.

어떤 특별한 아버지가 있었는데, 아들에게 어떤 능력이 있는지 시험해보려고 깜깜한 밤에 어느 큰 집으로 데리고 갔습니다. 큰 집 앞에서 하수구 구멍을 통해 그 집의 고방庫房으로 몰래 들어갔습니다. 고방에는 금은보화가 가득한 궤짝이 있었지요. 그 궤짝을 열고 "들어가라. 여기에 들어가면 네 마음대로 금을 가질 수 있고, 비단을 가질 수 있다." 그래서 아들이 그 궤짝에 들어갔습니다. 그런데 아버지는 아들이 궤짝에 들어가자마자 문을 탁 닫고, 자물쇠를 채우고, 마당으로 나와서 도둑이 들었다며 소리를 쳤습니다. 주인이 나오는 것을 본 아버지는 다시 하수구 구멍으로 도망쳐서 집으로 왔어요.

그 집의 주인은 이상해서 누가 왔는지 찾아볼 것 아닙니까? 그 아들은 자기 아버지가 덜커덕 문을 잠그고 갔으니 왜 그런 것인지 기가 막힙니다. 그런데 그것이 문제가 아니라, 거기에서 어떻게 하면 나갈 수 있을는지가 큰 고민이었겠지요. 그러다가 한 가지 방법을 찾아내었습니다. 어떤 방법일까요? 궤 속에서 쥐가 궤짝 긁는 소리를 낸 것입니다. '찍찍' 하고 계속 긁었습니다. 그러니까 지나가던 사람이 그 궤 속에 뭐가 들었는가 이상하게 생각하면서 궤 문을 열었습니다. 그 궤 문이 열리는 순간에 그냥 온 힘을 다해서 문을 연 사람을 밀어붙이고 도망갔어요.

그런데 주인과 일하는 사람이 얼마나 빨리 따라오던지 한참 도망가다 보니까 큰 우물이 하나 보였습니다. 거기서 꾀를 하나 냈어요. 그 우물에다가 큼지막한 돌멩이를 하나 들어서 풍덩 빠뜨렸어요. 그러니까 따라오던 사람이 우물에 가서 찾는 동안 이 아들은 곧장 집으로 왔습니다. 그렇게 집으로 돌아와서 아버지에게 따져 물었겠지요. "아버지, 도대체 나를 왜 궤 속에 가두셨습니까?" 아버지가 하는 말이, "그 말은 내가 할 것 없고 너는 도대체 어떻게 나왔느냐?"라고 되물었어요. 그래서 아들이 지금까지 있었던 일을 이야기했더니, 아버지가 "되었다. 더이상 나에게 배울 것 없다. 너는 이미 모든 기술을 다 익혔고 충분하다." 이렇게 답을 했다고 합니다. 오조법연五祖法演 ?~1104 선사의 이야기인데, "선禪이 이와 같다."라고 했습니다.

　이 이야기가 말하고자 하는 것이 무엇이겠습니까? 그 궤 속에 갇힌 사람은 세 가지가 있어야 한다는 말입니다. '내가 반드시 여기서 나가야 한다.'라는 '의지'가 있어야 합니다. 그것이 신심입니다. 그 다음에는 '용기'가 있어야 합니다. 그 집 일하는 사람이 문을 여는데 무서워서 덜덜 떨고 있다고 가정해보십시오. 그냥 잡히지 않겠습니까? 그런데 후다닥 일어나서 밀어붙이고 그냥 도망가야 한단 말입니다. 이런 용기가 필요합니다. 밖에 있던 사람은 결국 문을 열어준 것밖에 안 됩니다. 무서운 사람을 자기 돕는 사람으로 만들어야 한다는 말입니다. 이것이 의지이고 용기입니다. 마지막은 '방법'입니다. 계책計策이 있어야 합니다. 문을 열어주도록 하는 계책이 없으면 어떻게 나와요. 그리고 그 집을 빠져나와서 도망가고 있지만 계속 주인이 빨리 따라오니까 잘못하면 자기 집까지 따라올 수도 있는 상황입니다. 그러다가 이 사람이 우물을 딱 만났을 때 방법을 쓴 것입니다. 돌멩이가 '첨벙' 하고 빠지니까 그 밤에 쫓아오던 주인은 사람이 빠진 줄 알았던 겁니다.

　이렇게 아들이 무사히 집에 올 수 있었던 것에는 세 가지가 다 있습니다. 반드시 해야 하겠다는 의지, 주인이 오거나 말거나 두려워하지 않는 용기, 또 도망나올 수 있는 방법입니다. 그렇다면 아버지가 한 일은 도대체 무엇인가? 아버지는 아무것도 안 했을까요? 그 아버지가 사실상 아무것도 해준 일이 없는 것 같지만, 아들로 하여금 체험할 수 있도록 기회를 준 것입니다. 이것이 선지식입니다. 선지식은 무엇을 직접 갖다 먹여주는 분이 아니라 마음공부를 해서 마음을 깨달을 수 있도록 길을 열어주는 분입니다. 그래서 '무엇인가!' 마음공부를 항상 하셔야 합니다.

'무엇인가!' '지금 법문 마치려고 하는 이것이 무엇인가!' '법문 마치려는 법사를 쳐다보는 이것이 무엇인가!'

(2011년 7월 28일 방영)

마음공부의 방향과 방식

　마음공부는 아주 불가사의한 공부입니다. 보통 평범한 생각으로는 할 수 없는 공부입니다. 세상에 많은 공부가 있지만 마음공부는 그 효과를 말한다면 이루 표현할 수 없는 불가사의한 효과가 있는 공부입니다.

　비유하면 천만 년 억만 년 동안 나그네로 떠돌며 살던 사람이 털끝 하나 까닥하지 않고 자기 집에 가는 것과 같습니다. 또 어떤 사람이 최고 부자였는데 자기가 부자인 줄 모르고 힘들게 살다가, 털끝 하나 까딱하지도 않고 그 자리에서 재산을 다 찾는 것과 같습니다. 그만큼 불가사의한 공부입니다.

　마음공부는 그 방향을 잘 알아야 하는데, 그것은 간단합니다. 내 마음으로 내 마음 찾는 것입니다. 비유로 말하면 내 눈으로 내 눈을 보는 것입니다. 내 눈으로 내 눈을 본다는 말이 조금 어렵습니까? 그런데 아주 쉬운 것입니다. 내 눈으로 내 눈 보는 것이 세상에서 제일 쉬운 것이고, 내 마음으로 내 마음 찾는 것이 세상에서 가장 쉬운 것입니다.

마음공부는 마음 밖에서 마음을 구하는 것(心外求心)이 아니고, 눈 밖에서 눈을 구하는 것(眼外求眼)이 아닙니다. 실질적으로 '이것이 무엇인가.'라고 참구하면서 마음공부를 할 때 조심해야 할 것이 있습니다. 예를 들면, 손으로 이 컵을 들고 '이것이 무엇인가?'라고 한다든지, 산이 보일 때 산을 보고 저것이 무엇인가?'라고 하면 큰일 나는 것입니다. 그럴 경우 잠시 정신집중해서 정신을 거기 머물게 할 수는 있으나, 마음공부는 안 됩니다. 무슨 소리가 들릴 때도 '들리는 저 소리, 저것이 무엇인가?'라고 하면 절대 안 됩니다.

그러면 마음공부는 어떻게 하는 것인가? 눈에 무엇이 보이면 '보는 이것'이 중요합니다. 보는 주체를 말하는 것이지, 보이는 대상을 말하는 것이 아닙니다. 중생이 지금까지 대상을 쫓아가다가 고생한 것입니다. 그러니까 '보이는 저것이 무엇인가?'가 아니라 '보는 이것이 무엇인가!'라고 참구參究해야 합니다. '이것'이라는 의미가 바로 마음입니다. 음악 소리가 들린다거나 새 소리가 들린다면 '들리는 저 소리가 무엇인가?'라는 것이 아니라 '듣는 이것이 무엇인가!'를 참구하는 것입니다. 무슨 생각이 나도 생각되는 광장으로 쫓아가는 것이 아니라 '생각하는 이것이 무엇인가.'를 참구하는 것입니다.

우리는 보고 듣고 느끼고 압니다. 이것을 견문각지見聞覺知라고 합니다. 견문見聞은 눈으로 보고 귀로 듣는 것입니다. 느끼는 것[覺]은 세 가지입니다. 비鼻, 설舌, 신身, 즉 코와 혀와 몸으로 느끼는 것입니다. 지知는 의식입니다. 이것을 합해서 견문각지라고 하는데, 쉽게 생각하면 견문언사동見聞言思動입니다. 우리가 흔히 하는 것이 보고, 듣고, 말하고, 생각하고 움직이는 것입니다. 그러한 보이는 것, 들리는 것에 쫓아가는 것이 아니라 보고 듣는 그 주체를 돌아보는 것이 공부입니다. 소리에 쫓아가지 않고, 형상에 쫓아가지 않고, 감각에 쫓아가지 않고, 생각에 쫓아가지 않습니다. '견문각지하는 이것이 무엇인가!' '견문언사동하는 이것이 무엇인가!' 이렇게 참구하는 것이 마음공부입니다.

눈으로 본다고 해서 보는 이것이 다르거나, 귀로 듣는다고 해서 듣는 이것이 다르거나, 혀와 코와 몸으로 느낀다고 해서 느끼는 이것이 다른 것이 아닙니다. 또 머리로 생각한다고 해서 생각하는 이것이 다른 것이 아닙니다. 전체가 다 마음 자성의 작용입니다. 보는 것, 듣는 것 전체가 다른 게 아니라 한마음 자성에서 일어나는 작용입니다. '진여자성眞如自性이 기용起用한다.'는 것입니다. 보고 듣고 느끼고 생각하는 것이 전부 한 자성에서 작용을 일으키는 것입니다.

진여자성이 작용을 일으켜서 보는데, 보는 것에 쫓아가니까 생사를 받는 것입니다. 보는 이 진여자성으로 돌아가면 거기에 불가사의한 경지가 있습니다. '보고, 듣고, 말하고, 생각하고, 움직이는 이것이 무엇인가.' 마음작용이 일어날 때 쫓아가면 헤매는 것이고, '이것이 무엇인가.' 이렇게 하면 공부입니다. 이 점을 아주 명심해야 합니다.

무엇을 보든지 '보는 이것이 무엇인가.' 들을 때는 '듣는 이것이 무엇인가.' 맛을 보면 '맛보는 이것이 무엇인가.' 이렇게 보고 듣고 맛보고 생각하는 것이 전부 진여자성이 작용을 일으키는 것이라고 했습니다. 그래서 '이것'은 무엇을 하더라도 바로 만날 수 있습니다. 이렇게 쉬운 것입니다. 이것보다 더 쉬운 것이 없습니다. 쉽기는 가장 쉽고, 그 효험은 이루 말할 수 없이 큰 것이 마음공부입니다. 이것을 몰라서 하지 못하는 것일 뿐, 알고 나서야 어찌 못하겠습니까.

我有一法 아유일법
先天後天 선천후천
靈知不昧 영지불매
任運平安 임운평안

나에게 한 법이 있으니
하늘보다 먼저 있었고 하늘보다 뒤에까지 있다.
신령스럽게 알아서 어둡지 않고

움직이는 대로 맡겨도 항상 편안하다.

옛 도인들께서 한결같이 하신 법문입니다. 아유일법我有一法, 나에게 한 법이 있다. 이름도 붙일 수 없고 모양도 그려낼 수가 없는데 한 법이 있어요. 그런데 이 법이 선천후천先天後天입니다. 하늘보다 먼저 있었고 하늘보다 뒤에까지 있어요. 이것이 마음공부에서 느끼는 세계입니다. 그런데 영지불매靈知不昧, 신령스럽게 알아서 어둡지 않아요. 그리고 임운평안任運平安입니다. '임운'이라는 것은 맡길 임任, 운전할 운運 자, '운전하는 데 맡긴다.' '움직이는 데 맡긴다.'라는 뜻입니다. 이 말은 '어디로 가든지 어디에 있든지 어디에 맡기든 항상 편안하다.'라는 말입니다. 이것이 마음공부를 한 세계입니다.

본래의 나는 하늘보다 먼저 있었고 하늘보다 뒤에까지 있어요. 신령스럽게 알아서 어둡지 않습니다. 천상이나 지상이나 보이는 곳이나 안 보이는 곳이나 잠을 자나 꿈을 꾸나 어느 곳에서나 편안하다는 말씀입니다. 이것이 고인들의 법문입니다.

그렇다면 이 마음공부는 어떤 방식으로 해야 하는가? 마음공부 방식은 먼저 우리가 우리를 돌아보는 훈련부터 해야 합니다. '나는 왜 하는가?' '나는 누구인가?' '나는 무엇인가?' 이런 방식으로 살펴보는 것입니다.

'나는 왜 하는가?' 우리는 여기서부터 헤매게 됩니다. 살아가는 우리 모습을 가만히 보면 어떤 사람은 공부하기를 좋아하고, 어떤 사람은 일하기를 좋아하고, 어떤 사람은 놀기를 좋아합니다. '왜 그렇게 하는가?' 다들 '자식을 위해서 한다.' '남편을 위해서 한다.' '부모를 위해서 한다.' '이웃을 위해서 한다.'고 말합니다. 그런데 사실은 다 자기를 위한 것이라 하겠습니다. 공부를 왜 하지 않는가? 자기를 위해서 하지 않는 것입니다. 공부를 왜 하는가? 자기를 위해서 하는 것입니다. 그러므로 사실상 공부 잘한다고 상을 줄 필요는 없습니다. 다른 사람을 위해서 무엇을 잘했을 때 상을 줘야지, 공부는 자기를 위해서 자기 일을 한 것인데 왜 상을 줍니까?

 그런데 다른 사람에게 좋은 일을 하는 사람이 별로 없습니다. 사실 다른 사람을 위해서가 아니라 다 자기를 위해서 한 것입니다. 만약 공부를 잘한 사람에게 상을 준다면 공부를 못한 사람, 하지 않은 사람에게도 상을 줘야 합니다. 다 자기를 위한 점은 똑같기 때문입니다. 결혼한 여성분들은 남편을 위해서 열심히 한다고들 합니다. 남편을 위해서 왜 열심히 합니까? 다 자기를 위해서 한 것입니다. 또 남편분들은 아내를 위해서 열심히 했다고 합니다. 누가 아내를 위해서 열심히 하라고 했습니까? 다 자기를 위해서 한 것입니다.

 무엇을 하든지 그것은 다 자기를 위해서 해요. 이렇게 '나'라는 것이 항상 밑에 깔려 있습니다. 그것은 욕망이고 탐욕입니다. 욕망을 크게 보면 몇 가지가 있습니다. 재물욕인 재욕財慾과 이성에 대한 욕망인 애욕愛慾과 그리고 명예욕名譽欲입니다. 또 명예는 권력權力까지도 포함되어 있어서 재색권명財色權名에 대한 욕망인 것입니다. 이것이 전부 탐욕貪慾입니다.

탐욕은 내 것이 아닌 것을 내 것으로 만들려는 것을 말합니다. 재물욕이든, 이성욕이든, 권력욕이든, 명예욕이든 누구를 위한 탐욕입니까? 다 '나'를 위한 탐욕입니다. 그러니까 다 자기에 대한 집착입니다. 산에 올라가는 것도 나를 위해서 올라가는 것이고, 올라가지 않는 것도 나를 위한 것입니다. 그래서 옛 도인들이 일체유아一切由我라고 했습니다. 일체는 나로 말미암은 것입니다.

그렇다면 '아시옥수我是阿誰오, 나는 누구인가?' 이렇게 이어지는 것이 마음공부의 방식입니다. '아미타불阿彌陀佛의 아阿를 여기서는 '누구 옥阿'이라고 읽습니다. '나는 누구인가?' 가만히 보면 어릴 때는 조그마했는데, 청년도 되고 중년도 되고 노년도 됩니다. 역할도 다릅니다. '나'라는 것이 고정된 것은 전혀 없습니다. 그렇다면 나는 과연 누구인가?

나는 고정된 것이 없는데 '나'라는 그림자, 껍데기를 붙잡고 사는 것입니다. 껍데기 나를 가지고 온갖 욕심을 다 일으키고 온갖 고생을 다 하는 것입니다. 나를 위해서 온갖 죄를 짓고 온갖 고생을 하는데, 실제 나는 고정된 것이 없습니다. 이것을 확실히 알아야 마음공부가 됩니다.

『유마경』「관중생품觀衆生品」에서는 '나'는 실체가 없다는 것을 아주 잘 설명했습니다.

幻無定相　환무정상
一切諸法　일체제법
亦復如是　역부여시
無有定相　무유정상

꼭두각시는 정해진 형상이 없으니
일체 모든 법도
또한 그러해서
정해진 모습이 없다.

'꼭두각시[幻]는 정해진 형상이 없듯이, 일체의 모든 법도 또한 그러해서 정해진 모습이 없다.'는 것입니다. 정해진 '나'가 전혀 없습니다. 경우에 따라서 아들이기도 하고, 아버지이기도 합니다. 딸이기도 하고, 어머니이기도 합니다. 지금은 사람이지만 언제 귀신이 될지 모릅니다. 죽은 사람이 귀신이고, 또 산[生] 귀신이 사람입니다. 귀신이 태어나면 사람이고, 사람이 죽으면 귀신입니다. '무유정상'입니다. 정해진 모습이 없습니다. 이것을 모르고 미혹 때문에 온갖 고생을 다 하고 있습니다.

그렇다면 정말 '나'라는 것은 없는가? 없는 것도 아닙니다. 정해진 것이 있는가? 있는 것도 아닙니다. 그렇다면 '이것이 무엇인가?' '무엇인가?' '도대체 무엇인가?' 이렇게 들어가야 '무엇인가!'가 잡힙니다. 그렇지 않고는 할 일도 많은데, 언제 '무엇인가?' 하고 앉아 있겠습니까? '아, 나라는 것이 도대체 무엇인가?' 여기까지 오려면 나는 왜 이것을 하는지 살펴보아야 한다는 것입니다.

예를 들면 욕하는 것도 자기 욕심으로 욕하는 것입니다. 욕하는 사람은 자기 말을 듣지 않는다고 욕하는 것이지, 다른 게 없습니다. 자기 욕심을 쏙 빼면 욕이 전혀 나오지 않습니다. 그러니까 '나는 왜 하는가?' '그 말을 왜 하는가?' '그것을 왜 하는가?' 이것을 딱 보면 '이것은 내 욕심이다.'라는 결론에 도달합니다. 그렇다면 '나는 무엇이지?' '실체가 없다.' '그렇다면 이것은 무엇인가?' 이렇게 이어져야 '무엇인가!' '무엇인가!' 참구가 됩니다.

'나는 무엇인가!' 『화엄경』 「범행품梵行品」에 '지일체법知一切法이 즉심자성卽心自性하면 성취혜신成就慧身이 불유타오不由他悟니라'는 말씀이 있습니다. '일체법이 곧 자기 마음의 자성인 줄 알면, 지혜의 몸을 성취하는 것이 다른 사람의 깨우쳐줌을 말미암지 않는다.'라는 뜻입니다.

마음공부가 넓어질 때 일체법이 내 마음의 자성이라는 것을 알게 됩니다. '심외무법心外無法'이라, 마음 밖에 법이 없습니다. '일체유심조一切唯心造'라, 일체는 오직 마음이 만든 것입니다. 이 도리를 알면 지혜의 몸을 이루는 것이 스스로 된다는 것이지요. 그런데 우리는 마음공부를 하지 못하고 미혹해서 모든 게 물건인 줄로만 알아요. 이것이 내 마음인 줄 모릅니다. 미혹해서 사람이 사람인 줄로만 알고 내 마음인 줄 모릅니다.

마음공부를 하게 되면 관자재觀自在가 됩니다. 보는 것이 자유자재하게 되거든요. 어떻게 해서 관자재가 되는가? 관색관공觀色觀空을 하기 때문입니다. 색도 보고 공도 보기 때문입니다. 색은 성주괴공成住壞空합니다. 이루어졌다가, 머물렀다가, 파괴되었다가, 없어져버립니다. 공空은 불생불멸不生不滅입니다. 나지도 않고 없어지지도 않습니다. 그런데 이것을 보는 순간 이것이 성주괴공인 동시에 불생불멸이라고 하는, 관색관공을 하는 것입니다. 이것이 관자재입니다.

이처럼 일체만법一切萬法이 즉심자성卽心自性인 것을 가르쳐주는 것이 대승불교입니다. 그리고 이것을 자유자재로 수용하고 활용하는 것이 동아시아의 선禪입니다.

그래서 선禪과 교敎가 다른 것이 아닙니다. 본체를 가르쳐주는 것은 '경經'이고 그것을 마음대로 쓰게 하는 것은 '선禪'이라는 것입니다. 이것은 잘생겼는데 이것은 왜 못생겼고, 이것은 가까이 있는데 저것은 왜 멀리 있나? 이렇게 분별하는 것을 미迷했다고 합니다.

마음을 알면 일체가 다 마음임을 아는 것입니다. 이 마음을 알지 못하니까 전부 나하고 다르다고 여깁니다. 아무리 말을 해도 자기 마음을 찾지 못하면 믿어지지 않아요. 도저히 믿어지지 않습니다.

여러 가지를 배우려고 하면 하나도 제대로 모릅니다. '무엇인가.' '생각하는 이것이 무엇인가.' '듣는 이것이 무엇인가.' 이런 공부처럼 쉬운 것이 어디 있습니까. 그런데 이것을 바로 하지 않고 딴 길로 돌아가면 어렵습니다. 그러니까 딴 길로 돌아가지 말고 바로 딱 가면 됩니다. 세상에 자기 마음으로 자기 마음을 보는 것인데 손을 움직일 필요가 있습니까, 발을 움직일 필요가 있습니까. 도대체가 어려울 것이 하나도 없습니다.

마음공부를 잘못하면, 나오는 마음을 진짜 마음인 줄 알고, 무엇을 알았다고 종이에 써서 "제가 알았는데 한번 보십시오."라고 해요. 거기에 무슨 의미가 있을까요? "그 마음으로 쓴 글 말고, 여기에 글 쓴 그 마음을 내어놓아보아라." 이것이에요.

쓰여진 글은 아무런 쓸 데가 없습니다. 억만 권의 책을 써도 그것은 나온 마음이에요. 도서관에 억만 권의 책이 있는데, 도서관에 가서 마음을 찾아도 소용없습니다. 그것은 화가가 그린 그림입니다. 마음은 그 그림을 그리는 화가입니다. 쓰여진 글은 소용이 없어요. "글 쓰는 그 마음을 내놓아 보아라." 내놓지 못하면, 공부가 안 된 겁니다. 무슨 말인지 이해되시지요? 그림을 억만 장을 그리더라도 그림이잖아요. 그림 그리는 화가, 그 마음을 내놓으라는 말입니다.

그래서 '무엇인가!'라고 참구하는 것이 마음공부의 근본입니다. 보고 듣고 말하고 생각하고 움직이는 이 마음, '이것이 무엇인가!' 이렇게 마음공부가 잘되면 좋은 날이 옵니다. 그 좋은 날을 고려 시대 진각국사 眞覺國師 혜심慧諶 1178~1234 스님이 법문하신 것이 있습니다.

雲散家家月 운산가가월
秋來處處凉 추래처처량

구름이 흩어지니 집집마다 달빛이 환하고
가을이 오니 곳곳이 서늘하더라.

참 멋지지요. 이것이 마음공부 잘한 도道의 세계입니다.

(2011년 9월 1일 방영)

불교 입문入門과 입도入道

불교에 처음 입문入門하는 것과 도에 들어가는 입도入道는 매우 중요한 일입니다. 『법화경』「법사품法師品」에 '개방편문開方便門 시진실상示眞實相'이라는 말씀이 있습니다. 부처님이 방편문을 열어서 진실상을 보인다는 뜻입니다.

입문의 문은 방편문입니다. 그리고 방편은 방법方法과 편의便宜라는 뜻이기 때문에 방법과 과정을 통해서 들어가는 절차를 말합니다. 진실상은 정말 보여주고자 하는 내용을 말하는 것입니다. 목적은 진실상에 있는데, 그 진실한 모습을 보이려면 그냥 되지 않고 과정과 절차가 필요해요. 그것을 '방편문을 연다.'라고 합니다.

그러면 방편문은 어떤 것이고, 진실상은 무엇인가? '석가모니 부처님께서 처음 설법을 시작하실 때 무슨 목적을 가지고 법을 설하셨겠는가?'라는 점입니다. 부처님께서 교법敎法을 말씀하시고, 계율戒律을 말씀하시고, 선정禪定도 말씀하시고, 복 많이 지으라는 말씀도 하셨습니다. 그런데 과연 그러한 것을 위해서 부처님께서 설법하셨을까요?

부처님은 부자고 왕자셨는데, 그 자리를 버리고 출가하신 분이 과연 부자 되게 하려고 설법하셨을까요? 무엇 때문에 법을 설하셨는가? 부처님 설법하신 목적이 무엇이냐는 겁니다. 부처님께서 우리에게 출가도 하게 하고, 계율도 지키게 하고, 경도 읽게 하고, 선정도 닦게 하셨지만 그것은 모두 방편문입니다. 말하자면 그것이 목적이 아닌 것입니다.

그러면 무엇이 참 목적인가? 부처님께서 이루신 생사 없는 즐거움[寂滅樂]을 느끼게 하려고 설법하신 것입니다. '생멸이 멸하여 다하면 적멸이 즐거움이 된다[生滅滅己 寂滅爲樂].'라고 합니다. 생멸이 멸하여 다한다는 것은 중생의 끝없는 갈애渴愛와 욕구欲求가 없어지는 것입니다. 갈애라고 하는 것은 목마른 것이니까 받아도 받아도 만족할 줄 모르고, 얻어도 얻어도 만족할 줄 모르는 것입니다. 그래서 구하면 구할수록 더 구하려고 합니다. 그것이 욕구입니다. 그러한 갈애와 욕구가 없어지는 것이 생멸이 멸하는 것입니다.

생멸이 멸하여 다하면, 그 다음에 찾아오는 것이 바로 적멸락寂滅樂입니다. 적멸은 생사가 없는 것을 말합니다. 생사 없는 즐거움인 적멸락을 느끼게 하려고 부처님께서 설법하신 것입니다. 적멸락을 느끼는 것이 입도入道입니다.

부처님께서 적멸락을 성취하신 것을 성도成道라고 합니다. 도道를 이루신 것입니다. 부처님에게는 '입도'라고 안 해요. 성도절成道節이라고 하지 입도절入道節이라고 하지 않잖아요. 부처님의 성도 후, 제자들이 적멸락에 들어간 것을 입도라고 합니다. 그래서 수많은 고승들이 깨달은 역사를 기록할 때 입도인연入道因緣이라고 하지, 성도대사成道大事라고 말하지 않습니다. 같은 깨달음이라도 뒤 사람들이 깨달으면 아라한阿羅漢이나 도인道人이라 하고, 부처님을 여래如來라고 높여 부르는 것도 마찬가지입니다.

부처님 제자들이 도를 이루었다고 해서 여래에게 쓰는 용어를 자신에게 쓰는 건 격식에 맞지 않습니다. 그래서 여래성도如來成道 불자입도佛子入道라고 합니다. 많은 방편문을 통해서 진실상에 들어가는 입도가 부처님께서 설법하신 참다운 뜻입니다.

방편문에는 한량없는 행문行門이 있는데, 문마다 다 들어갈 수 있습니다. 부처님께서 사성제四聖諦를 설하신 것도, 사성제를 통해서 생사 없는 적멸락을 이루라고 설법하신 것입니다. 십이연기十二緣起를 설하신 것도, 그 십이연기를 통해서 생사 없는 적멸락을 이루라는 것입니다. 육바라밀六波羅蜜 설법도 마찬가지입니다. 육바라밀 실천을 통해서 반야般若 보리菩提의 세계로 들어가라는 겁니다. 이것이 방편문을 열어서 진실상을 보이는 뜻입니다.

　한국 불교의 전통 수행법 또한 방편문입니다. 생사 없는 적멸락을 얻게 하는 방법이 수행방편修行方便인 것입니다. 죽고 사는 게 없는 적멸락을 얻게 하려고 부처님께서 설법하셨는데, 그 적멸락을 얻게 하려면 방편문이 필요하다는 겁니다. 계율, 간경, 참선, 기도 등의 많은 수행방편이 진실상에 들어가게 하기 위한 것입니다.

　예를 들면 농부가 밭도 갈고, 씨도 뿌리고, 풀도 뽑고, 곡식을 가꾸는데 그 가꾸는 목적이 무엇입니까? 가을에 곡식을 거두는 것이 농부의 목적입니다. 나머지는 다 과정이고 방편입니다. 사람이 시장에 가서 식자재와 식료품을 사다가 그것으로 요리를 만들고 음식을 해서 상에 올려놓는데, 그 올려놓는 목적이 음식 만드는 데 있는 것이 아닙니다. 먹는 것에 목적이 있는 것도 아닙니다. 음식을 잘 소화시켜서 거기서 내 몸을 얻고 내 생명을 얻는 것이 목적입니다. 내 생명을 유지하는 것이 목적인데, 요즘은 음식을 보기 좋게만 만들려는 경향이 있습니다. 아무리 좋게 보여도 내 몸에서 흡수하지 못하고 내 몸에 나쁘면 소용이 없는 것입니다.

　이렇게 방편과 진실이 다 있습니다. 오늘날 불교를 공부하는 사람도 많고, 수행을 한다는 사람도 많고, 불사하는 사람도 많은데, 그것이 목적이 아니라 다 방편입니다. 수확을 위해서 농사짓는 것과 같고, 생명을 얻기 위해서 음식을 만드는 것과 같습니다. 사람이 병원에 가는 이유는 건강을 위해서 갑니다. 병원에 가서 치료받는 것은 건강을 회복하기 위해서라는 것입니다.

불교의 많은 방편문도 그것을 통해서 진실상에 들어가야 합니다. 방편문은 입문入門이고, 진실상에 들어가는 것이 입도入道입니다. 그 길이 해탈도解脫道이고, 적멸도寂滅道이고, 반야도般若道이고, 보리도菩提道입니다.

무성실상無性實相이라는 표현이 있습니다. '자성이 없는 실상'입니다. 하늘에 하늘의 자성이 없고, 땅에 땅의 자성이 없고, 사람에게 사람의 자성이 없는 것이 무자성無自性입니다. 이 자성 없는 진실상을 무성실상이라고 합니다. 무성실상을 스스로 깨닫고 스스로 증득하는 자오자증自悟自證을 입도라고 합니다.

실상에는 본성本性이 없습니다. 본성이 없으므로 무명무상無名無相입니다. 이름을 붙일 수 없고 형상을 그릴 수도 없습니다. 그래서 이 자성 없는 진실상은 배우는 것이 아니고, 가르쳐줄 수도 없습니다. 스스로 깨닫고 스스로 증득해야 합니다. 이것이 입도입니다.

입도의 세계에는 아무리 좋은 것이라도 '종문입자從門入者 불시가진不是家珍'이라 했습니다. 문밖에서 들어온 건 귀한 것이 아니라는 것입니다. 스스로 깨닫고 스스로 증득한 것이 입도이지, 보고 듣고 한 그것은 전부 객진客塵이라 나그네이고 티끌이라고 했습니다.

부처님께서 일체중생을 교화하시는 것은 불도에 들어가게 하기 위해서이고, 그 불도에는 각자 들어가야 합니다. 방편문을 통해서 불도에 들어가는 입도가 부처님께서 설법하신 목적입니다.

달마어록達磨語錄에 이런 말씀이 있습니다.

外息諸緣 외식제연
內心無喘 내심무천
心如牆壁 심여장벽
可以入道 가이입도

밖으로 모든 인연을 쉬고,
안으로 마음이 헐떡거림이 없어서
마음이 장벽과 같아야
도에 들어갈 수 있다.

외식제연外息諸緣, 밖으로 모든 인연을 쉰다는 것은 무엇인가? 도에 들어가려면 밖으로 구하는 마음을 쉬어야 합니다. 밖으로 구하는 마음 때문에 스트레스가 계속됩니다. 밖으로 구하는 마음을 쉬는 것이 외식제연입니다.

안으로 마음이 헐떡거림이 없다는 내심무천內心無喘은 숨이 헐떡거림이 없다는 것이 아닙니다. 글자는 '숨 헐떡거릴 천喘' 자입니다만, 도에서는 숨이 헐떡거리고 헐떡거리지 않고를 말하는 것이 아닙니다. 마음이 헐떡거림이 없는 것입니다. 이 말은 부족한 마음을 갖지 말라는 것이기도 합니다. 인간은 항상 부족함을 느낍니다. 갈애가 계속 있어서 만족을 몰라요. 그래서 항상 헐떡거립니다. 만족할 줄 모르는 그것이 노이로제입니다. 그동안 엄청난 걸 받았는데, 받은 것에 대해서는 아무 생각이 없고 못 받은 것만 생각합니다. 자기에게 부족한 것만 계속 생각하니까 그것이 헐떡거림이 됩니다.

달마 대사는 안으로 부족한 마음을 일으키지 않고, 밖으로 구하는 마음을 일으키지 않아서 마음이 장벽과 같아야[心如牆壁] 도에 들어갈 수 있다[可以入道]고 하셨습니다. 욕심을 하나도 내지 않고 부족함을 모르는 것, 단지 그것을 달마 스님이 가르친 것이 아닙니다. 그것은 방편입니다. 그것을 통해서 입도할 수 있다는 것입니다.

헐떡거림이 없다고 하니까 숨을 조용히 하고, 밖으로 구하지 않는다고 하니까 눈을 딱 감는 것을 가르친 것이 아닙니다. 숨을 조용히 쉬고 눈 감으라고 달마대사가 우리에게 오셨겠습니까? 그것이 아닙니다. 입도를 가르쳐주어야 하는데 입도를 하게 하려면 밖으로 구하는 마음을 쉬고 안으로 부족한 마음을 일으키지 않아서 마음이 저 담장의 벽처럼 일념안정一念安靜이 되어야 그때 입도할 수 있다는 것입니다. 이것이 방편과 입문이고 입도입니다.

입문入門, 승당昇堂, 입실入室 등은 본래『논어論語』에 있는 말입니다. 승당이란 불가에서는 상수보살上首菩薩, 연숙보살緣熟菩薩이라는 말을 씁니다. 인연이 푹 익은 보살이라고 해서 연숙보살이고, 대표를 이루는 보살이라고 해서 상수보살이라고 합니다. 이런 분들이『논어』식으로 말하면 승당, 당에 올랐다고 할 수 있습니다.

그런데 입문, 승당만 가지고는 안 됩니다. 방 안에 들어가야 합니다. 오늘날 가옥 구조로 말하면 입문이라고 하는 것은 대문을 열고 들어온 것이고, 승당이라고 하는 것은 거실까지 들어온 것입니다. 입실은 금고도 있고 별거 다 있는 방 안에 들어가는 것입니다. 도의 세계에도 이런 것이 있으니 입도하는 것입니다.

坐斷十方 좌단시방

猶點額 유점액

密移一步 밀이일보

看飛龍 간비룡

앉아서 시방세계를 다 끊어버리는 것도

이마에 혹을 붙이는 것이다.
은밀하게 한 걸음을 옮겨야
날아오르는 용을 본다.

『전등록傳燈錄』에 나오는 말씀입니다. 앉아서 시방세계를 다 끊어버리면, 시방세계는 전혀 없습니다. 그런데 그것은 이마에 혹 붙이는 것이고 점을 찍는 것뿐이라고 했습니다. 이렇게 무엇을 하는 것으로 드러내 보이는 것은 입도가 아닙니다. 증득해서 들어가야 합니다. 그렇다면 어떤 것이 입도인가? 은밀하게 한 걸음을 옮기는 것입니다. 그것은 아무도 모릅니다. 그 은밀하게 한 걸음을 옮기는 것은 같이 대화를 해도 모릅니다. 은밀하게 한 걸음을 옮겨서 날아오르는 용을 본다고 합니다. 이런 것이 입도의 세계입니다.

송대 대혜大慧 1089~1163 스님의 『서장書狀』에 이런 말씀이 있습니다.

於一笑中 　어일소중
百了千當 　백료천당

한 번 웃는 가운데,
온갖 것을 다 알고 온갖 것에 다 마땅하다.

'어일소중於一笑中'이란 은밀히 한 걸음을 옮기는 그런 내용입니다. 백료천당百了千當이란, 백百과 천千은 숫자가 아니라 모든 것을 말합니다. 모든 것을 다 알아버리는 것이 백료이고, 모든 것에 다 마땅한 것이 천당입니다. 하늘에 가면 하늘에 마땅하고, 죽으면 죽어서 마땅하고, 살면 살아서 마땅한 것이 입도입니다. 또 늙으면 늙어서 마땅하고, 젊으면 젊어서 마땅합니다. 젊을 때는 그만큼 건강이 있었고, 오늘은 오늘만큼 건강이 있고, 내일은 내일만큼 건강이 있고, 죽으면 죽는 날만큼 있는 그것이 건강입니다. 그것이 백료천당입니다. 도에 들어가면 버릴래야 버릴 것 없이 마땅하고, 구할래야 구할 것 없이 마땅한 그것이 백료천당입니다.

『서장』의 구절을 또 보겠습니다. 그 경지는 참으로 대단합니다.

使太虛空 爲雲門口 사태허공 위운문구
草木瓦石 皆放光明 초목와석 개방광명
助說道理 亦不奈何 조설도리 역불내하

태허공으로 운문의 입을 삼고
초목와석으로 전부 광명을 놓아
도리를 설하더라도 어떻게 해볼 수 없다.

그러니까 도를 가르쳐서 이루려고 하는 것은 헛수고입니다. 설명을 하려고 해도 되지 않습니다. 그냥 방편문을 통해 발심해서 스스로 깨닫게 하고 스스로 증득하게 하는 것이 도의 세계입니다.

서산西山 1520~1604 스님도 입도의 세계를 글로 남기셨습니다.

忽得自家底　홀득자가지
頭頭只此爾　두두지차이
萬千金寶藏　만천금보장
元是一空紙　원시일공지

문득 자기를 알고 보니
하나하나가 전부 자기뿐이다.
만천의 금보배장도
원래 하나의 빈 종이뿐이다.

문득 자기를 알았으니 하나하나가 전부 자기뿐이라고 했습니다. 두두頭頭는 머리와 머리, 지차只此는 '다만 이것뿐'이라는 뜻입니다. 저 하늘도 나이고, 땅도 나이고, 과거도 나이고, 미래도 나이고, 현재도 나인 이것이 입도의 세계입니다. 그런데 이 입도의 세계는 설명할 수가 없습니다. 그래서 천만이나 되는 금은보화로 장식을 하고 소중히 여기는 말씀들도 원래 빈 종이뿐이라고 합니다. 설명하지 못하는 것입니다. 스스로 깨닫고 스스로 증득하는 세계가 입도라는 것입니다.

경봉鏡峰 1892-1982 큰스님께서 방편과 입도의 세계를 아주 재미있게 말씀하셨어요. '도대체 절에 가서 있는 목적이 무엇인가.' 그것을 어머니와 아이에 비유해서 설명하셨거든요.

신심 있는 보살님이 어린 아들을 절에 보냈습니다. 절에 보내놓고 이 아이가 어찌하나 가서 보는 거예요. 처음에 가서 보니까 어린아이가 매일 놀고 있었어요. 그래서 "너는 놀려고 절에 왔는가? 놀지 말아라."고 했어요. 그래서 아이는 노는 것을 그만두었습니다.

그 다음에 절에 가서 보니까 염불을 배우고 북치고 피리 부는 것을 아주 잘했어요. 그래서 또 한마디했습니다. "뭐하는 것이냐? 너는 이거 하려고 절에 왔나. 이것은 마을에서도 얼마든지 한다." 그래서 아이가 그것도 그만두고 그 다음부터는 글을 배우기 시작했습니다. 경을 많이 읽어서 경을 가르치는 강사로 취임할 판입니다. 그래서 취임식을 며칠 앞두고 어머니에게 그날 와서 보시라고 했어요. 취임하면 경을 가르치는 것입니다. 그런데 어머니가 또 뭐라고 합니다. "이거 하려고 절에 왔는가? 마을에서도 선생은 얼마든지 한다." 그래서 참으로 난감한 거예요. 이제 어찌해야 하나, 결국 그것도 그만두고 쌀을 조금 준비하고 소금 조금, 반찬도 조금 준비해서 산중으로 들어갔습니다.

그러고는 토굴에서 '이뭣고'를 하는 거예요. '이것이 무엇인가.' 그렇게 해서 시간이 흘러갔습니다. 그사이 머리카락도 자라고 수염도 자랐습니다. 어머니가 절에 와보니까 아들이 없어요. 어디에 갔는지 물으니까 산으로 들어갔다고 해서 산으로 가서 여기저기 찾았습니다. 굴이 하나 있어서 보니까 동물도 아니고 이상한 사람이 있단 말입니다. 안에 가서 보니까 자기 아들이었어요. 하도 기가 막혀서 머리카락을 젖히고 딱 보는 순간에 그 어머니 눈동자하고 아들 눈동자하고 딱 마주쳤습니다. 거기서 깨달았다고 합니다. 어머니도 깨닫고 아들도 깨달았습니다.

이 과정이 부처님께서 방편문을 열어서 진실상을 보이는 것을 압축시켜 놓은 것이라 볼 수 있겠습니다. 공부라는 것은 이런 것입니다. 아이가 절에 오면 놀기도 합니다. 왜 놀지 않겠습니까. 염불 배워서 의식도 하고 다 해야 할 것 아닙니까. 경도 배워서 가르치고 해야 할 것 아닙니까. 요즘은 불사도 하고, 행정도 하고, 가람수호도 하고, 불자 조직도 하고, 모임도 만들고, 자동차 타고 다니기도 하고, 온갖 것을 다 해야 합니다. 이것이 전부 방편문입니다. 방편문은 문문마다 다 들어갈 수 있습니다. 거기에서 진실상을 딱 보는 것이 바로 입도입니다. 이것을 아이를 통해서 설명하신 것입니다.

그래서 진실상에 들어가려면 어떻게 해야 하는지 옛날부터 내려오는 법문이 있습니다.

因地而倒 因地而起　인지이도 인지이기
離地求起 無有是處　이지구기 무유시처

땅에서 넘어진 이는 땅을 짚고 일어나야 한다.
땅을 떠나서 일어남을 구하는 것은 있을 수 없다.

이것이 동아시아 법문입니다. 중생이 온갖 고통을 받는 것은 마음 하나 놓쳤기 때문입니다. 마음 하나 챙기면 모든 것이 다 풀립니다. 마음을 어떻게 챙기는가? '보고 듣고 생각하고 움직이는 이것이 무엇인가!' 소리를 듣는 '이것', 사람이라고 보는 '이것', 밉다고 생각하는 '이것', 늙었다고 생각하는 '이것', '보고 듣고 생각하고 말하고 움직이는 이것이 무엇인가! 무엇인가!' 그렇게 닦아 가면 바로 거기에서 입도문이 열리는 것입니다. 그것을 큰스님들께서 법문하신 것입니다.

(2011년 9월 29일 방영)

무명심과 보리심

중생 마음과 부처님 마음은 어떻게 다른가? 중생심衆生心은 어떤 마음이고 제불심諸佛心은 어떤 마음인가? 그 특징적인 점은 무명심無明心과 보리심菩提心입니다. 무명심은 중생심이고 보리심은 제불심입니다. 모든 부처님의 마음을 보리심이라고 합니다.

무명에도 명明 자가 들어가긴 들어갑니다. 단지 앞에 '없을 무無' 자가 있을 뿐입니다. 중생심에도 각覺 자를 붙입니다. 그런데 앞에 '아니 불不' 자를 붙여서 불각不覺이라고 합니다. 무명이라는 말에서 알 수 있듯이 완전히 모르는 것이 아닙니다. 불각이라는 말을 보더라도 완전히 깨닫지 못한 것이 아닙니다. 알기는 아는데 잘못 아는 것입니다. 그래서 무명이라고 하고 불각이라고 합니다.

예를 들면, 집안에 자식이 하나 있는데 그 자식이 매일 말썽을 피워서 '저놈은 자식이 아니다. 자식이 없는 것과 마찬가지다.'라고 할 경우, 자식이 없는 것이 아니고, 있기는 있는데 엉뚱한 짓을 계속하니까 자식이 없는 것과 마찬가지라고 말하는 것과 같다는 것입니다. 아무것도 모르는 것이 아니고 알기는 압니다. 그래서 각은 각인데 앞에 '아니 불不' 자를 써서 불각이라 하고, 명은 명인데 '없을 무無' 자를 붙여서 무명불각無明不覺이라고 하는 것입니다.

그러면 무명불각의 내용이 어떤 것인가? 『반야심경』에서 말하는 수受·상想·행行·식識이 전부 무명에 속합니다. 그리고 십이연기의 혹惑·업業·고苦도 다 무명입니다. 중생 세계가 늘 되풀이되는 것을 십이연기로 가르칩니다. 열두 가지 과정의 인연법이라는 것입니다. 그것을 줄여서 번뇌가 있고, 죄업이 있고, 고통이 있다고 해서 혹·업·고라고 합니다. 이 혹·업·고가 전부 무명인 것입니다.

업이 무명과 다른 게 아니고 업도 무명입니다. 고통이 무명과 다른 게 아니고 고통도 무명입니다. 번뇌가 탐貪·진瞋·치癡인데, 탐·진·치가 무명과 다른 게 아니고 전부 무명이라는 말입니다.

그것을 어떻게 설명을 하느냐면 왕과 수행원의 관계로 말합니다. 왕이 행차하면 그 왕 뒤에 따라가는 수행원이 아주 많습니다. 무명은 왕이고 그 뒤에 따라가는 번뇌, 고통, 죄업은 전부 수행원입니다. 그 수행원이 따로 의지와 행위를 가지고 있는 것이 아니라 순전히 왕의

명령에 따릅니다. 왕명 하나 없어지면 그냥 다 없어지는 겁니다. 왕명이 있으면 수행원이 열도 되고 백도 됩니다. 왕명이 있고 없고가 좌지우지합니다. 수행원이 많고 적고는 의미가 없어요. 얼마든지 많을 수도 있고 줄어들 수도 있습니다. 무명과 번뇌도 마찬가지입니다.

『금강경』에서 말하는 아상我相, 인상人相, 중생상衆生相, 수자상壽者相이 전부 무명입니다. 무명이 아상이고, 무명이 중생상이지 무명 떠나서 사상四相이 존재하지 않습니다. 그리고 『기신론』에서는 무명을 구상차제九相次第로 설명합니다. 제일 처음 업상業相이라는 분별심分別心이 일어나는데, 그 하나의 분별심에서부터 갈라져 나오는 과정이 아홉 가지가 있습니다. 이것을 구상차제라고 합니다. 무명이 한 단계, 두 단계, 세 단계, 계속 발전해서 구상차제로 펼쳐집니다.

이러한 무명을 여러 경론에서 설명하고 있습니다. 한국불교 전통강원에서는 기본적인 교재로 삼는 경론을 '사교四敎' '대교大敎'로 분류합니다. 사교는 『금강경』, 『기신론』, 『원각경』, 『능엄경』입니다. 이 네 가지만 보아도 대승불교의 기본 원리를 알게끔 되어 있습니다. 대교는 『화엄경』입니다. 게다가 『법화경』, 『전등록』, 『선문염송』을 추가로 보기도 합니다. 『전등록』은 선종사서禪宗史書이고 『선문염송』은 선종서禪宗書입니다. 요즘에는 대교 과정에서 겨우 『화엄경』만 조금 볼 시간밖에 없습니다. 왜 그런가 하면, 옛 편제에는 대교까지 마치는 데 10여 년이

걸렸습니다. 그런데 요즘은 4년이니까 다른 것은 못 보고『화엄경』까지만 겨우 보고 대교 과정을 마칠 수밖에 없습니다.

그래도 대승불교의 기본을 말할 때, '반야', '기신', '능엄', '원각'만 쭉 보면 불교의 기본을 환하게 알 수 있습니다. 이 네 경론에서 이미 무명과 보리를 자세하게 설명하고 있기 때문입니다. 보리는 부처님 마음이고, 무명은 중생의 마음이라고 했습니다. '반야경'은 아주 기본을 말하는 경전입니다. 그 기본으로부터 어떻게 중생의 세계가 펼쳐지고 어떻게 하면 닦아서 깨달음으로 돌아갈 수 있는지 자세히 말한 것이『기신론』입니다.

특히 무명에 대한 설명을『기신론』에서 간단히 잘 설명하고 있습니다.

一切衆生 不名爲覺 일체중생 불명위각
以從本來 念念相續 이종본래 염념상속
未曾離念 미증이념
故說無始無明 고설무시무명

일체 중생을 깨달았다고 하지 못하는 것은
근본으로부터 오면서 생각 생각이 계속 이어져

일찍이 생각을 여의지 아니했으니
그러므로 무시무명이라고 한다.

무명의 특징은 염념상속念念相續에 있습니다. 생각 생각이 계속 이어져 나가는 것이 무명입니다. 우리 경험이 한순간도 생각을 떠나본 일이 없습니다. 그래서 염념상속하여 일찍이 생각을 여의지 아니한 것이 무명이고 중생심입니다. 언제 시작되었는지 모르기 때문에 시작 없이 펼쳐진다고 해서 무시무명입니다.

이처럼 생각 생각이 이어져나가는 염념상속이 무명입니다. 중생은 생각을 떠나서 있을 수 없습니다. 항상 생각이 이어집니다. 낮에는 낮대로 생각이 이어지고, 저녁에는 저녁대로 생각이 이어지고, 또 밤에 잠이 들면 꿈도 꿉니다. 꿈을 꾸지 않을 때는 어떻게 되는가? 꿈을 꾸지 않을 때도 그 밑바닥 장식藏識에 저장되어 이어져나가고 있어요. 이러한 염념상속이 무명입니다.

무명은 항상 '기념起念', 생각을 일으킵니다. 생각을 일으키지 않으면 무명이 아닙니다. 그래서 모든 경계境界를 항상 살펴봅니다. 경계라는 한자어는 대상對象을 말합니다. 일체 중생의 속성이 언제든지 마음을 대상에 두는 것입니다. 이처럼 마음이 견해를 일으키면, 마음이 그쪽으로 쏠려 있어서 보지 못하는 데가 있습니다. 그래서 한쪽으로는 보고 다른 한쪽으로는 보지 못하는 것이 무명입니다.

그러나 보리菩提는 그렇지 않습니다. 보는 게 없는 동시에 못 보는 것도 없습니다. 이것을 원조圓照라고 합니다. 두루 다 본다는 뜻입니다. 부처님 마음은 원조입니다.

중생의 무명은 분별해서 항상 나누고, 나누어서 경계를 반연합니다. '좋다, 나쁘다'라고 분별해서 좋은 것은 가지려 하고 나쁜 것은 버리려 하는 분별연경分別緣境도 무명에 의해서입니다. 이렇게 『기신론』에서 무명을 설명하고 있습니다.

또 『원각경』「문수장文殊章」에서는 '일체중생一切衆生 망인사대妄認四大 위자신상爲自身相'이라고 무명을 밝히고 있습니다. 모든 중생들은 지수화풍地水火風 4대를 자기 몸으로 잘못 생각한다는 것입니다. 지수화풍 4대를 내 몸으로 생각하는 것이 무명입니다. 4대가 틀림없이 내 몸 같습니다. 그런데 무척 아파 보면 그것이 자기 몸이 아니라는 걸 알게 됩니다. 모든 것이 인연因緣 소산물所産物인 것입니다. 내 몸도 인연에 의해서 생긴 물건입니다. 이것은 내가 살기를 바라든 죽기를 바라든 상관없고, 전염병이 돈다든지 산이 무너진다든지 홍수가 난다든지 하면 내 뜻과는 아무 상관 없이 인연에 의해서 그냥 가버리기도 합니다.

그런데 무명은 '이 몸은 내 몸이고 다른 것은 내 몸이 아니다.'라고 분별해서 집착합니다. 그리고 무명은 밖으로 대상을 생각하는 반연심을 자기 본마음으로 압니다. 그러니까 생각을 자기 마음으로 아는데, 생각이라는 것도 몸과 같이 인연에 의해서 생겼다가 인연에 의해서 사라지는 것입니다.

내 마음이 어째서 생겼는가? 사람이 있을 때는 사람으로 보고, 나무가 있을 때는 나무로 보는 것이 전부 인연으로 생긴 겁니다. 또 혼자 가만히 있어도 대상을 인식하고 있어요. 과거에 보았던 것, 과거에 들었던 것, 과거에 먹었던 것 등, 대상을 떠나서는 생각이 없습니다. 이것을 반연심攀緣心이라고 합니다.

이와 같은 것이 무명이 하는 일입니다. 인연에 의해서 생긴 이 몸뚱이를 자기로 분별해서 집착하고, 대상을 떠나서는 있지도 않은 경계를 쫓아가는 마음을 자기 마음인 것으로 압니다. 그래서 이것을 병목공화病目空花와 같다고 합니다. 바깥으로 허공에 꽃이 보였는데 그 허공 꽃[空花]이 왜 보이는가? 허공에 꽃이 있어서 보이나요? 그 허공 꽃은 눈병이 나서 보이는 겁니다. 허공 꽃이 생긴 고향은 눈병이에요.

이 몸을 왜 내 것으로 보는가? 무명으로 인해 내 것으로 보는 것이지, 내 것이기 때문에 내 것으로 보는 것이 아니라는 겁니다. 눈에 병이 났기 때문에 허공 꽃이 보이는 것과 같습니다.

그렇다면 허공 꽃이 보이는데, 그 허공 꽃을 가서 없애면 되겠습니까? 아니면 그 허공 꽃을 가서 따오면 되겠습니까? 그 허공 꽃을 없애는 것을 멸상수행滅相修行이라고 합니다. 상을 소멸하는 수행입니다. 그리고 허공 꽃을 따오는 것을 취상윤회取相輪廻라고 합니다. 상을 취하는 윤회입니다. 허공 꽃이 보이는데 허공 꽃을 자꾸 가서 따면 상에 자꾸 집착해서 생사 윤회하는 중생 세계가 됩니다. 허공 꽃을 없애고 부수고 마르게 하여 상을 자꾸 소멸해서 깨달음으로 들어가는 것을 멸상수행이라고 합니다.

그런데 대승불교에서는 허공 꽃을 따지도 않고, 허공 꽃을 없애지도 않습니다. 무엇을 하는가? 눈병만 고쳐버리면 끝납니다. 허공 꽃은 공해서 불생불멸입니다. 멸상공滅相空이 아니라 즉색공卽色空입니다. '색에 부딪친 그대로 공'이라는 겁니다. 멸상공이라는 것은 상을 다 소멸시켜야 공이 나오는 것인데, 즉색공은 색에 다다른 그대로 공이라는 것입니다.

허공 꽃이 자기 눈병에 의해서 나왔는데, 그것을 모르고 자꾸 반연하고 집착하는 것은 마치 내가 내 물건을 훔치고 있는 것과 같습니다. 이것이 전도몽상顚倒夢想입니다. 그리고 내가 내 집에서 머슴살이하고 있는 것과 같습니다. 자기 집인데 자기가 정신이 깜박해서 자기 집이 아닌 줄 알았습니다. 게다가 보니까 집안에 좋은 물건이 상당히 많아요. 그래서 그것을 사기 위해 온갖 일을 하며 품삯을 벌고 사는 상태입니다. 자기 한 생각에서 나오는 그런 차별상을 계속 자기가 집착하고 반연해서 그것을 얻어서 만족을 구하려고 합니다. 그것을 전도몽상이라 하는 것입니다.

생각을 일으켜서 집착하지 않으면 그것은 무명이 아닙니다. 항상 분별해서 집착하는 것, 그리고 항상 견해를 일으키는 것이 무명입니다. 무명을 한마디로 말하면 전도몽상인데, 전도몽상은 다른 게 아니라 '허공작편虛空作片'입니다. 허공을 조각조각 내려고 하는 것과 같다는 것입니다. 또 '가리작객家裏作客'입니다. 자기 집안에서 나그네가 되는 것입니다. 이렇게 전부 쓸데없이 헛수고하면서 사는 것이 중생이라는 말입니다.

그렇다면 보리는 무엇인가? 보리는 부처님 마음이라고 했습니다. 보리는 아뇩다라삼먁삼보리阿耨多羅三藐三菩提입니다. 그래서 보리는 대각大覺, 크게 깨달은 것입니다. 정각正覺, 바르게 깨달은 것입니다. 묘오妙悟, 묘하게 깨달은 것입니다. 또 60권『화엄경』에서는 선각善覺이라고도 번역했습니다. 그런가 하면『원각경』에서는 원각圓覺이라고 표현했습니다.

이 보리에 대해서 아주 구체적으로 잘 말씀한 경전이『화엄경』입니다.『화엄경』을 딱 펼치면 시성정각始成正覺, 부처님께서 처음으로 정각을 이루셨다는 내용부터 나옵니다. 처음으로 정각을 이루신 그 마음을 설명하는 것입니다. 이것은 꼭 연극을 할 때 무대를 가리고 뒤에서 배우들이 준비하고 있다가 처음 막을 딱 여는 그런 기분이에요. 그러면 쫙 펼쳐지는 것이 금강지金剛地입니다. 그 다음에는 보광명普光明이고, 대광명大光明입니다. 이것이 전부 화엄의 시성정각심始成正覺心을 표현한 말입니다. 금강金剛이라고 하는 것은 순금입니다. 거기에는 아무것도 섞인 것이 없습니다. 깨달음, 본래 마음, 그 하나밖에 없는 겁니다. 그리고 보광普光은 넓은 광명이고, 대광大光은 큰 광명입니다. 대적광大寂光이라고도 합니다. 크게 고요한 광명입니다.

그리고 보리菩提는 해인삼매海印三昧입니다. 해인이라고 하는 것은 바다에 온갖 그림자가 다 있는 것입니다. 이것이 전부 시성정각심입니다. 보리는 형상이 없지만, 그 부처님 보리 마음에 없는 것이 없습니다.

그래서 이것을 설명할 때 '묘오개만妙悟皆滿하니, 이행영절二行永絶이라'고 합니다. '묘한 깨달음이 충만하니 두 가지 행위가 영원히 끊어졌다.'는 것입니다. 두 가지 행위라는 것은 좋다, 나쁘다, 나다, 너다라는 분별입니다. 이 무명분별이 영원히 끊어졌습니다. 이행二行이 무명입니다. 분별은 꼭 두 가지로 합니다. 좋으냐 나쁘냐, 너냐 나냐, 미우냐 고우냐, 죽느냐 사느냐, 이렇게 이행 속에서 헤매는 것이 중생입니다. 그런데 묘한 깨달음을 얻으니까 이행二行이 영절永絶해버렸습니다. 그것을 대각大覺이라 하고 해인삼매라고 합니다.

그리고 '소행무애所行無碍'입니다. 행하는 바가 장애가 없습니다. 왜 그런가 하면 상이 공함을 알았기 때문에 그렇습니다. 즉색공即色空을 알았기 때문에 소행이 무애인 것입니다. 걸린다고 하는 것은 상에 걸리는 것입니다. 그런데 상 없는 무상법無相法을 통달했기 때문에 행하는 바가 걸림이 없을 수밖에 없습니다.

행하는 바가 걸림이 없어서 온갖 것을 다 보고 다 관찰합니다. 이런 것을 대각원조大覺圓照, 해인삼매海印三昧, 보광명普光明이라고 합니다. 이것은 아무리 여러 가지를 보더라도 본래 제자리에 있다고 해서 마니주摩尼珠에 비유하기도 합니다. 마니주는 아무 색깔이 없는 구슬입니다. 그래서 불변不變입니다. 그런데 붉은 것을 마주하면 붉게 되고, 검은 것을 마주하면 검게 됩니다. 이것이 수연隨緣입니다. 합쳐서 불변수연不變隨緣이라고 합니다. 구슬은 무색청정無色淸淨인데 닿는 대로 비쳐요. 이런 것이 부처님 마음, 원조圓照입니다.

'부처님 마음은 이렇고, 중생심은 이렇다.' 이런 소리를 왜 하는가? 깨달으라고 하는 것입니다. 그냥 말만 듣고 말라는 것이 아닙니다. 도道를 깨닫는 문답을 어떻게 하나? '오도문답悟道問答'을 하나 말해 보겠습니다.

來賓曰 내빈왈
大衆不少 幾人悟道 대중불소 기인오도

主人曰 주인왈

龍蛇雲集 不見迷悟 용사운집 불건미오

손님이 묻기를,
대중이 적지 않은데 몇 사람이나 깨달았습니까?
주인이 답하기를,
용도 뱀도 모였는데 미혹하고 깨달음을 볼 수 없습니다.

來賓曰 내빈왈

如何方便 易得悟道 여하방편 이득오도

主人曰 주인왈

無念端坐 春草自靑 무념단좌 춘초자청

손님이 묻기를,
어떤 방편으로 닦아야 쉽게 깨달을 수 있습니까?
주인이 답하기를,
망상 없이 단정히 앉아 있으니 봄풀이 스스로 푸릅니다.

'내빈왈來賓日', 여기서 '올 내來' 자는 접두조사로, 새기지 않는 글자라서 '손님이 말하기를,'이라는 뜻입니다. '대중이 적지 않은데 몇 사람이나 도를 깨달았는가?' 요즘도 그런 걸 묻는 사람들이 많습니다. '백 명 중에서 몇 사람이 도인인가?' 이렇게 묻는 사람도 있고 '십년을 수도를 하면 몇 사람이 도인이 되는가?' 이렇게 숫자로 관심을 가진 사람이 많습니다. 몇 사람이 깨달았다고 했을 것 같습니까?

주인이 말하기를, 용사龍蛇가 운집했으나 미오迷悟를 볼 수 없다고 했습니다. 대중 속에는 용도 모였고 뱀도 모였습니다. 그런데 누가 미迷했는지 누가 깨달았는지 볼 수 없어요. '이 사람이 미했나?' '이 사람이 깨달았나?' 설명을 붙이자면 무명과 보리는 서로 떨어져 있지 않습니다. 수상풍상水相風相, 물과 바람이 서로 떨어져 있지 않은 것과 같습니다. 둘이 뭉쳐서 파도가 됩니다. 무명을 떠나서 보리가 따로 있거나, 보리를 떠나서 무명이 따로 있는 게 아닙니다. 그래서 저 사람이 깨친 사람인가, 깨치지 못한 사람인가? 둘이 서로 떨어진 것이 아니라서 미오를 볼 수가 없습니다. 그런데 용사가 운집한 것은 사실이라고 했습니다.

다시 손님이 물었습니다. '어떤 방편으로 닦아야 쉽게 오도를 할 수 있습니까?' 주인이 대답하기를 '망념 없이 단정히 앉아 있음에 봄풀이 스스로 푸르다.'라고 했습니다. 다시 묻고 답합니다.

來賓曰 내빈왈

衆生無數 중생무수

云何度盡 운하도진

손님이 묻기를,
중생이 수없이 많은데
어찌 모두 제도하겠습니까?

主人曰 주인왈

慧眼觀時地獄空 혜안관시지옥공

衆生成佛刹那中 중생성불찰나중

주인이 답하기를,
혜안으로 볼 때 지옥이 없습니다.
중생성불이 찰나 가운데 이루어집니다.

　중생이 수없이 많은데 어찌 다 제도하는지 또 물었습니다. '사홍서원 四弘誓願'에서 '중생무변서원도 衆生無邊誓願度'라고 합니다. '중생이 끝이 없지만 서원코 제도하겠다.'라는 원입니다. '전부 중생인데 그 중생 언제 다 제도할래?' 이 소리입니다. 여러분, 답을 가지고 계십니까? 중생이 한량이 없는데 언제 중생제도 다 하는가? 뭐라고 대답하시겠습니까?

여기에 묘법妙法이 있습니다. 주인이 대답을 무엇이라고 했는가 하면, '혜안으로 볼 때 지옥이 없다.' '중생성불이 찰나 가운데 이루어진다.'라고 했습니다. 이것이 대승불교의 묘법입니다.

우리가 축원할 때도 '삼장돈제三障頓除 돈망생사頓忘生死 돈오무생頓悟無生'을 발원합니다. 삼장을 일시에 제거하고, 생사를 몰록 잊고, 생사 없는 불생불멸을 바로 깨닫기를 원합니다. 그리고 『천수경千手經』에도 '죄무자성종심기罪無自性從心起'라고 했습니다. 죄는 자성이 없고 마음에서 나온다는 것입니다. 백겁적집죄 일념돈탕진百劫積集罪 一念頓蕩盡이라, 백겁의 죄를 일념에 소멸하는 것이 대승불교입니다.

그런 이치가 『화엄경』「범행품梵行品」에 보면 초발심시변성정각初發心時便成正覺이라고 했습니다. 「증도가證道歌」에서는 일초직입여래지一超直入如來地라고 했습니다. 이같이 멸상수행滅相修行이 아니라 오도수행悟道修行입니다. 도를 깨달아서 성불하는 것, 깨달음을 통해서 성불하는 것입니다. 저 허공 꽃을 낱낱이 걷어내는 것이 아니라 눈병 하나 고치면 허공 꽃은 없다는 것이 일초직입여래지이고, 초발심시변정각입니다.

혹 그 점이 이상하면 문제를 제기해야 합니다. 어떻게 처음 마음을 일으킬 때 정각을 이루며, 한번 뛰어올라서 여래지에 들어가는가? 이것이 도대체 무슨 이치인가? 그것을 문제로 삼으면 눈이 열리는데, 그냥 듣고 말면 눈이 열리지 않습니다.

그래서 『원각경』「보현장普賢章」에 '지환즉리知幻卽離, 환인 줄 알면 곧 여읜다.'라는 말씀이 있습니다. '환幻'이라고 알면 바로 여의는 것입니다. 저것이 왔다 갔다 허깨비인 줄 알면 다시는 도망가지도 않고 쫓아가지도 않습니다. 그냥 앉은 자리에서 여의어 버립니다. 이렇게 말씀드리니 금방 성불할 것 같습니다. 참 대단합니다.

'지환즉리'에 이어서 '부작방편不作方便, 방편을 지을 것이 없다.'고 합니다. 그리고 '이환즉각離幻卽覺 역무점차亦無漸次, 환을 여의면 곧 깨달음이라 또한 점차가 없다.'고 합니다. 이것이 돈망생사 돈오무생하는 이치입니다. 환이라고 알면 바로 열리는 것입니다. 또 환을 여의면 곧 깨닫는 것입니다. 방편도 없고 점차도 없는 것입니다. 이것을 비유로 말하자면, 꿈속에서 온몸에 부스럼이 난 것을 보았는데, 깨기만 하면 몰록 치료가 된다는 것과 같습니다. 꿈에 온갖 창병이 난 것을 다 보았는데, 그 꿈에서 깨기만 하면 금방 다 나아버립니다. 거기에는 방편도 없고 점차도 없는 것입니다.

그 이치는 대승불교가 견성見性이 중심이지 멸상滅相이 중심이 아니라는 가르침입니다. 그 생사 없는 그 자리를 딱 보는 것이 견성見性입니다. 견성이 성불이라는 말은 바로 이러한 뜻입니다. 업장 하나하나를 소멸하는 것이 아닙니다. 그래서 가르침의 특징이 이렇게 다 다릅니다.

又曰 우왈
咄 돌
心外分別 顚倒夢想 심외분별 전도몽상
更莫起見 返照自心 갱막기견 반조자심

또 말하기를,
안타깝다.
마음 밖에 분별하는 것이 전도몽상이니,
다시 견해를 일으키지 말고 자기 마음을 돌이켜 보라.

그래서 중생성불이 찰나중이라고 해놓고, 또 말하기를 '돌咄, 안타깝다.'라고 했어요. 마음 밖에 분별하는 것이 전도몽상이니, 다시 견해를 일으키지 말고 자기 마음을 돌이켜 보라[返照自心]는 것입니다.

반조자심返照自心하는 것이 참으로 중요합니다. 무명이 무엇이고 보리가 무엇이라고 말을 해도 자심을 반조하지 아니하면 마치 설식기부說食飢夫와 같습니다. '밥을 말하는 배고픈 사람'이라는 것입니다. 밥을 설명만 하고 먹지 않으면 배고픕니다. 그러니까 반조자심해야 합니다. 그러면 반조자심은 어떻게 해야 하는가?

日常日用中 일상일용중

見聞言思動 견문언사동

是箇甚麼 시개삼마

일상생활 가운데
보고 듣고 말하고 생각하고 움직이는 것
이것이 무엇인가!

'이것이 무엇인가!' 이렇게 참구하면 어느 순간에 생각의 구멍이 뻥 뚫리면서 즉색공卽色空을 알게 됩니다. 색이 곧 공임을 알게 되면 진공대도량眞空大道場으로 돌아가서 대적광 대삼매의 경지를 증득하게 되는 것입니다.

(2011년 10월 27일 방영)

불자의 복업福業과 도업道業

우리는 이 세상에 사람의 자식으로 태어났습니다. 사람의 자식을 인자人子라고 합니다. 그렇다면 불자佛子라는 말은 부처님에 의해서 태어난 것입니다. 불자는 어떻게 태어나는가? 종불구생從佛口生이라, 부처님의 입으로부터 나왔다고 합니다. 여기서 부처님의 입은 부처님 말씀입니다. 그래서 불자는 부처님의 말씀을 믿고 따르는 사람입니다. '인자'가 부처님의 말씀을 믿고 따르면 '인자'인 동시에 '불자'입니다.

불자에게는 어떤 길이 있는가? 복업도福業道가 있고, 도업도道業道가 있습니다. 복업을 닦아나가는 것이 복업의 길, 복업도입니다. 그리고 도업을 닦아나가는 것이 도업의 길, 도업도입니다. 그래서 복업과 함께 도업을 닦는 것이 불자의 길입니다.

복이라는 것이 왜 필요한가? 복은 사람을 편안하게 합니다. 사람을 참 편안하게 해요. 복과 반대되는 것이 죄입니다. 죄는 사람을 불안하게 합니다. 복을 자꾸 지으면 편안하고 즐겁습니다. 복으로 느끼는 즐거움이 복락福樂이고 안락安樂입니다. 죄로 느끼는 고통은 죄고罪苦입니다. 죄는 고가 따르고 복은 낙이 따릅니다. 복고福苦는 없어요. 복의 괴로움이라는 것은 없는 겁니다. 다른 사람들이 보았을 때 복인 것 같지만 사실 괴로우면, 그것은 복이 아니고 죄입니다.

사람에게 있어서 제일 어려운 순간이 죽는 순간인데요, 복을 지은 기억이 많이 나면 죽을 때도 편안해요. 죽는 순간에 죄를 지은 기억이 떠오르면 아주 괴로운 것입니다. 그래서 죽을 때 편안하게 죽는 사람은 평소에 복을 많이 지은 사람입니다. 다른 사람들에게 좋은 것, 좋은 일 했던 것, 이런 기억을 많이 가지고 죽는 사람은 아주 복되게 죽는 사람입니다.

어떤 사람은 '품위 있게 죽는다.' '우아하게 죽는다.'라고 말하는데, 품위 있고 우아하게 죽는다는 것이 옆에 사람들이 많이 둘러싸 있거나 또는 아무도 없는 그런 것이 아닙니다. 혼자 죽어도 좋은 일 했던 것, 평소에 즐거웠던 것이 많이 기억나면 그것이 잘 죽는 것입니다. 그런데 '내가 지금 어디로 가는가?' 불안하고 힘들면 편안한 죽음이 아니고, 옆에 사람이 아무리 많이 있어도 우아한 죽음이 아닙니다.

옆에 사람이 있고 없는 것이 복 있게 죽는 것의 기준이 아니고, 자기가 평소에 복을 많이 지어서 죽는 순간에도 복 지은 것만 계속 생각나면 복 있게 죽는 겁니다. 이처럼 내가 나를 편안하게 하는 것은 복을 짓는 것이고, 내가 나를 불안하게 하는 것은 죄를 짓는 것입니다. 그러니까 이 세상에 태어나서 한평생 복 잘 짓고 죽는 사람은 잘 살다 가는 것입니다. 복은 짓지 않고 죄만 짓고 산 사람은 잘 살지 못한 것입니다. 불자가 가야 하는 길이 바로 복업도입니다.

 복을 짓는 방법은 인간이 죄를 짓는 것을 보면 알 수 있습니다. 죄를 어째서 짓는가? 오만傲慢한 생각이 일어나면 죄가 나와요. 오만이라는 것은 무엇인가를 잘못 믿는 것입니다. 부모를 믿는다든지, 조상을 믿는다든지, 자기 얼굴 잘생긴 것을 믿는다든지, 힘이 센 것을 믿는다든지, 학벌 좋은 것을 믿는다든지, 이런 것을 과신過信하는 것입니다. 성심성의를 다해서 노력하지 않고 이런 과신에 따르는 자만自慢, 오만이 등장하면 거기에서부터 죄가 나옵니다.

 그런데 오만은 중생마다 다 있습니다. 그래서 오만을 다스릴 때 복이 생깁니다. 오만을 어떻게 다스리는가? 예경禮敬, 즉 예배禮拜와 공경恭敬이 오만을 다스립니다. 예배와 공경을 늘 실천하면 그 사람에게는 항상 복이 따릅니다. 평소 사람 사이에서 예경을 잘하면 매일 복 짓는 사람이 됩니다. 동물에게도 무례하게 하지 않고 공경스럽게 대하면 복을 짓는 것이고, 자연에게도 예경을 하면 자연을 통해서 복을 짓는 겁니다. 예경으로부터 복이 생기지, 예배하고 공경하는 데 벌을 받거나 죄를 짓는 법은 없습니다.

　또 자기 잘못을 모르고 자꾸 다른 사람을 원망하는 경우가 우리 중생들에게 많습니다. 그것이 또 죄입니다. 그 잘못을 자기가 알기도 어렵고, 알아도 고치기는 더 어려운 것이 현실입니다. 그런데 자기 잘못을 고쳐서 복 받는 좋은 방법이 있어요. 그것이 참회懺悔입니다. 참회하면 원망하지 않습니다. 그리고 참회를 하면 깊이 반성하게 되고 내 모습으로 돌아오게 되어서, 그 참회가 또 자기를 훌륭하게 만들고 자기를 편안하게 만듭니다. 참회가 복 짓는 좋은 방법인 것입니다. 그래서 우리 불교 의식에도 예경과 참회가 기본이고, 예경과 참회를 합쳐서 예참禮懺이라고 합니다.

　그리고 적극적으로 복 짓는 것에 보시布施가 있습니다. 보시란 나누어주는 것입니다. 보시할 때도 인과를 믿고, 예배 공경을 실천하는 자세로 보시를 해야 합니다. 오만하게 다른 생각을 가지고 하면 참다운 보시가 되지 않습니다. 예를 들면 어떤 깊숙한 곳에 있는 동물에게 밥을 주어야 하는데 손을 뻗어도 떨어뜨려야 줄 수 있는 경우입니다. 밥이 동물의 머리에 맞지 않도록 잘 주어야 하는데 동물에게 벼락을 씌우듯이 딱 떨어뜨리면 그 녀석이 배고파서 먹기는 먹더라도 좋게 생각하지 않겠지요. 그래서 어떤 마음과 어떤 방법으로 주는지도 매우 중요합니다.

이처럼 보시를 하더라도 자기 오만심을 가지고 자기를 과시하는 태도로 공덕을 자기가 선점해버리면 복이 되지 않습니다. 그래서 예경과 참회의 바탕 위에서 보시해야 합니다. 도움을 줄 때는 정중하게 주어야 하고, 주고 나서는 자기가 도움 준 것을 선전하지 말아야 합니다. 그런데 대개 도움을 주고 나서는 공치사를 합니다. '내가 장학금을 얼마 주었다.' '내가 또 무슨 일을 했다.' 이렇게 자기 공로를 자신이 선전해버리면 산천초목도 싫어합니다.

도움받은 것을 받은 자가 자기 입으로 말하면 즐겁습니다. 하지만 도움 준 사람이 말하면, 도움받은 사람에게는 '가까이하기에 너무 먼 당신'이 되어버립니다. 모르고 만났지만 알고 나서는 다시 만나지 않겠다고 하면 도움 주고 오히려 왕따 되는 것입니다.

자식들에게도 어릴 때부터 무얼 해주었다는 이야기를 다시는 하지 마십시오. 그렇게 하면 자식들이 아버지를 싫어합니다. 어머니도 이런 이야기를 하지 마십시오. "내가 너를 어떻게 키웠는데." 평소에 그 말을 하지 않아도 알고 있는데, 그 말을 들으면 '어머니와 같이 있지 않겠다.'라면서 나가버리는 경우도 있습니다. 그러니까 예참을 몸에 익히고 보시를 해야 하는 것입니다.

그 다음은 지계持戒입니다. 지계라는 것은 계를 지닌다, 계를 지킨다는 것입니다. 다른 사람에게 해를 끼치지 말라는 것입니다. 오계五戒나 십계十戒 등이 다름 아니라 다른 사람에게 해를 끼치지 않는 것입니다. 해를 끼치지 않는 상태에서 도움을 줄 때 참다운 보시, 참다운 지계가 됩니다. 이것이 복업을 닦는 바른길입니다.

이처럼 항상 예경, 참회, 보시, 지계를 닦아나가는 것이 복업도입니다. 그러면 늘 즐거워요. 복을 지을 때도 즐겁고 복을 받을 때도 즐겁습니다. 살아 있을 때도 즐겁고, 죽을 때도 즐겁습니다. 복이 부족하니까 괴로움이 오는 것입니다. 복을 짓지 않으면 자기도 모르게 무언가 괴로운 생각이 납니다.

그런데 문제는 복이 오래가지 않는다는 점입니다. 복만 가지고는 항상 즐거운 것이 아닙니다. 복은 몸이나 물질이나 사람 등으로 받아요. 몸이 건강하다든지, 좋은 사람이 옆에 있다든지, 물질이 넉넉하다든지, 이런 데서 기쁨이 오는 것이 복락福樂입니다. 그런데 사람도 몸도 물질도 모두 오래 가는 것이 아닙니다. 그러한 복은 일시적인 것이지, 항상 즐거운 상락常樂이 되지 못하는 것입니다.

상락은 항상 즐겁고 길이길이 즐거운 것입니다. 그래서 장락長樂이라고도 합니다. 장락이 되고 상락이 되려면 복락에서 한 걸음 더 나아가 지락智樂이 되어야 합니다. 지智를 다른 말로 하면 '길 도道'입니다. 도는 지혜智慧이고 지혜는 도입니다. 반야般若, 보리菩提, 해탈解脫, 열반涅槃 전부 도인데, 이것이 전부 지혜입니다.

　그러니까 지혜를 닦아야 '상락'을 누릴 수 있습니다. 항상 즐거울 수 있는 것입니다. 지혜를 닦는 방법이 도업道業입니다. 도를 닦지 않고 복만 닦으면 부처님 제자로서 도업은 폐업廢業한 것입니다. 무슨 사업을 하다가 하지 않으면 '폐업한다.'라고 하지요. 복만 닦으면 도는 폐업한 것입니다. 그런데 복까지 닦지 않으면 복업도 폐업한 것이 되어버립니다. 건강도 그렇고 사람도 그렇고 물질도 그렇고, 이것이 항상한 것이 아닙니다. 쾌락은 순간입니다. 장락이 되고 상락이 되려면 지혜를 닦아야 합니다.

　지혜를 닦는 방법이 무엇인가? 지혜를 닦는 방법은 여러 가지가 있습니다만 중요한 것은 우리 생각부터 알아야 합니다. 생각을 바꾸는 것이 지혜입니다. 지혜는 생각을 바꾸는 것입니다.

　그러면 생각이란 무엇인가? 불교를 처음 공부하러 와서 듣는 말이 사람에 대한 가르침입니다. 사람이란 오온五蘊이나 십이처十二處라고 가르칩니다. 오온인 색色·수受·상想·행行·식識 가운데 색은 우리 몸이고, 수·상·행·식이 생각입니다. 이 오온이 쌓이고 뭉친 것이 사람입니다. 또 십이처는 안眼·이耳·비鼻·설舌·신身·의意 육근六根과 색色·성聲·향香·미味·촉觸·법法 육경六境입니다. 이 육근과 육경이 만나면, 육식六識이 발생합니다. 그래서 이것을 합쳐서 십팔계十八界라고도 합니다. 사람도 일체 모든 법도 오온이나 십이처 또는 십팔계뿐이라는 말씀입니다. 이런데 이 모든 것이 실은 생각뿐임을 알 수 있습니다.

'이것이 내 몸'이라고 느끼는 것도 생각을 떠나서 있는 것이 아닙니다. 저 하늘이라고 하는 것도 내가 생각으로 느끼는 것입니다. 땅도 내가 느끼는 것입니다. 전부 내 생각으로 하늘이라고 느끼고, 내 생각으로 땅이라고 느낍니다. 이 세상은 알고 보면 생각 하나뿐입니다. 대승불교의 '백법론百法論'에서는 다섯 가지를 확장해서 백 가지로 말합니다. 백 가지나 다섯 가지나 문제는 생각 하나입니다.

이 생각을 돌이켜 보고 생각을 바꾸는 것이 지혜입니다. 이것은 매우 어려운 일이지만 아주 현실적이고 중요합니다. 생각에 대하여 팔식八識으로 설명한 것을 살펴보겠습니다. 안·이·비·설·신, 이것은 몸에 있는 것입니다. 눈에는 눈의 느낌이 나옵니다. 이것을 안식眼識이라고 합니다. 귀는 소리를 듣습니다. 이것을 이식耳識이라고 합니다. 코는 냄새를 맡는 비식鼻識, 혀는 맛을 보는 설식舌識이고, 몸에도 느낌이 있어 신식身識이라고 합니다. 이것을 전오식前五識이라고 합니다.

그런데 지금 보고 있지는 않으나 옛날에 보았던 게 생각나기도 합니다. 현재만 보는 것이 아니라 과거, 현재, 미래를 통합해서 생각하고 계획하는 것이 있습니다. 이것을 의식意識이라고 합니다. 그렇다면 이

의식은 어디에 들었는가? 이것은 정신적이기 때문에 찾아보면 없습니다. 의식이 뇌에 들었는가? 그것은 아닙니다. 뇌를 갈라보아도 식이 나오지 않습니다. 뇌의 물질만 나옵니다. 머리에 있다고 하지만 사실 머리에 의식이 있는 것도 아니고, 뇌에 들어 있는 것도 아니고, 발가락에 들어 있는 것도 아닙니다. 찾아보면 없는데 항상 있는 것이 의식입니다. 또 항상 나라고 집착하는 사량식思量識을 제칠식第七識이라고 합니다.

또 이미 보았던 것, 들었던 것, 생각했던 것을 전부 모아서 저장하는 식이 있습니다. 이것을 장식藏識, 함장식含藏識이라고 합니다. 지금 이순간 보고 헤어지면 그만인 것 같은데, 보았던 것이 저장되어버립니다. 이 장식을 제팔식第八識이라고 합니다.

그리고 지금 일을 경험하면 그대로 있는 것이 아니라 이것을 응용해서 다른 것으로 만들어내기도 합니다. 이것을 이숙식異熟識이라고 합니다. 다르게 성숙시킨다는 뜻입니다. 예를 들면 아버지가 굉장히 구두쇠이고 돈을 쓰지 않는 것을 보았으면 내가 그대로 구두쇠이고 돈을 쓰지 않을 것 같은데, 그것과는 반대로 본인은 돈을 잘 쓰게 되는 경우도 있습니다. 안 쓰는 것을 보았는데 실제 나중에는 쓰는 것이 됩니다. 이처럼 다르게 익어가는 것을 이숙식이라고 합니다.

그 다음에 종자식種子識이 있습니다. 모든 것이 종자로 저장되고 종자가 되어서 다시 튀어나옵니다. 이것을 현행現行이라고 합니다. 그리고 종자가 다시 종자를 낳습니다. 장식 또는 함장식과 이숙식과 종자식, 이 세 가지를 겸한 것을 제팔식第八識, 아뢰야식阿賴耶識이라고 합니다.

이 중에 함장식과 이숙식은 십지十地에 올라가면 다 없어지는데, 종자식은 없어지지 않고 그냥 지혜로 나타납니다. 성불할 때 식이 완전히 지혜가 되는 것을 전식성지轉識成智라고 합니다. '식을 바꾸어서 지혜를 이루었다.'는 것입니다. 종자식이 제일 마지막까지 남아서 원만한 대원경지大圓鏡智의 대지혜로 바뀌는 것입니다.

이처럼 중생은 결국 식 하나뿐인 겁니다. 보는 것도 식이고, 듣는 것도 식이고, 과거 현재 미래를 종합적으로 계획하고 추진하는 것도 식이고, 늘 나라고 생각하는 것도 식입니다. 그리고 이것을 전부 경험한 것을 저장하고, 여러 가지로 형성시키고, 종자로 계속 살아남는 등이 식입니다.

그런데 식識은 기본적으로 요별경了別境이라고 해서, 경계를 요별하는 속성을 가지고 있습니다. 경계를 잘 알아서 구분합니다. 식이라고 하는 것은 기본적으로 밖의 것을 취하게 되어 있어요. 항상 외향적外向的이고 취구적取求的입니다. 요별경이기 때문에 밖으로만 향하고, 취하고, 구합니다. 그래서 식만 따라가면 생사윤회를 벗어날 수 없습니다.

식은 다른 것은 다 구하는데 식이 알지 못하는 것이 있습니다. 우리가 식으로 살아가지만 절대 모르는 것이 있어요. 식은 식 자신이 누구인지 모릅니다. 식은 속성이 항상 경계를 아는 것이라서, 경계는 아는데 자기를 모릅니다. 밖으로 구하고 자기 안에서는 구하지 못해서, 다른 것은 다 알아도 자기를 모르는 것이 식입니다.

따라서 지혜를 닦아야 합니다. 식이 이러한 맹점이 있으니까 식이 하자는 대로 놓아두면 매일 밖으로 구해서, 좋은 것을 만나면 잠시 즐거워졌다가 나쁜 것을 만나면 괴로워졌다가 생사윤회를 벗어날 수 없는 것입니다. 그래서 '아, 이렇게 해서는 안 되겠다.'라는 자각에서 도업이 생긴 것입니다. 도업은 반야업般若業입니다. 지혜를 닦는 것입니다. 마음을 안으로 돌이키는 것이에요. 그것이 식을 바꾸는 것이기 때문에 밖으로 나가는 식을 안으로 돌리는 것이 반야입니다.

『반야심경』에 보면, '관자재보살이 깊은 반야바라밀다를 행할 때 오온을 조견한다.'고 설하고 있습니다. 조견은 반조返照의 뜻과 같습니다. 저 밖에 무엇인가 지나가는데 그냥 따라가면 순견順見입니다. 지나가는 것을 보고 '지나가는 저것은 무엇인가? 그렇다면 저것을 보는 것은 무엇인가?'라고, 식이 하는 일을 돌아보는 것이 조견입니다.

몸이라는 것도 내가 내 몸 가꾸기에만 바빴는데 '몸, 이것이 무엇인가?' 이것을 돌이켜 보는 것이 조견입니다. 또 생각이 일어나면 생각을 따라가기 바빴는데 '생각, 이것이 무엇인가?' 이것을 돌아보면 조견하는 것입니다. 이렇게 조건을 하니까 색·수·상·행·식 오온이 공空임을 알게 된 것입니다. 조건을 통하지 않으면 절대 알 수 없는 것입니다.

공空이라고 하는 것은 생각으로 주장하는 것이 아닙니다. 모든 법은 공상空相이니, 나는 것이 아니고, 없어지는 것이 아닙니다. 여기서 불생不生과 불멸不滅의 두 가지가 핵심입니다. 불생불멸이니까 불구不垢 부정不淨입니다. 더러운 것도 아니고 깨끗한 것도 아니에요. 그리고 불구부정이니까 부중不增 불감不減입니다. 이 육불공상六不空相은 반야 조건을 통해서 보이는 것입니다.

불생불멸은 생각으로는 절대 가능하지 못합니다. 내가 한 생각 일으키면 벌써 생긴 것이고, 생긴 것은 없어집니다. 이것이라고 해도 생긴 것이고, 저것이라고 해도 생긴 것입니다. 이것을 조건하는데 조건은 생각을 내어서 아는 것이 아니라 생각이 없어져서 아는 것입니다. '돌이켜봄'을 통해서 식이 맑아지면 불생불멸이 보이는데, 이것을 중입證入이라고 합니다. 증득해 들어간다는 뜻입니다. 불생불멸은 중입하는 경계이지, 생각으로 아는 경지가 아닌 것입니다.

그래서 도를 닦는 사람이 생각으로 도를 알려고 하면 안 됩니다. 중생들이 무시겁래로 생각으로만 살았기 때문에 그 생각하는 버릇, 요즘 하는 말로 그 생각하는 짓거리를 놓지 못합니다. 그래서 참선하라고 하면 또 금방 생각을 일으킵니다. '그것이 될까?' '나는 안 되겠다.' '내가 할 수 있을까?' 그것은 전부 생각입니다.

　증입證入을 하면 본인이 불생불멸을 조견했는지, 조견하지 못했는지 압니다. 불생불멸을 비추어서 보는 사람은 보살입니다. 그래서 '보리살타菩提薩埵 의반야바라밀다依般若波羅蜜多'라고 한 것입니다. 반야바라밀다에 의지하기 때문에 보살입니다. 수·상·행·식에 의지하면 보살이 아닙니다.

　아무리 복을 많이 지어도 계속 수·상·행·식에 의지해서 사는 한, 생사고해生死苦海를 면하기 어려운 것입니다. 조견하는 반야바라밀에 의지하면 불생불멸하는 상락인 장락의 세계에 들어갈 수 있습니다. 그리고 삼세제불도 반야바라밀다에 의지했기 때문에 최고의 무상정각無上正覺을 이룹니다. 가장 높은 깨달음을 얻으신 것입니다. 반야를 통하지 않고는 보살이 될 수 없고, 성불할 수 없습니다. 그래서 삼세제불도 반야바라밀다에 의지했고, 보리살타, 줄여서 보살도 반야바라밀다에 의지했다는 것입니다.

　그렇다면 반야바라밀다는 기본적으로 무엇을 하는 것인가? 생각을 따라가는 것이 아니라 생각을 돌아보는 것입니다. 수·상·행·식을 조견해야 수·상·행·식이 불생불멸인 것을 볼 수 있지, 수·상·행·식을 따라가면 보지 못합니다. 이렇게 내 생각을 내가 돌아보면 그것이 도입니다. 그런데 내 생각을 내가 돌아보려면 먼저 '내 마음 가져오기'를 해야 합니다.

見聞覺知時 견문각지시
本見本聞本覺本知本性 본건본문본각본지본성

보고 듣고 깨닫고 알 때
본래 보고 본래 듣고 본래 깨닫고 본래 아는 것이 본성이다.

　몸은 여기에 있는데 내 마음이 지금 누구를 원망한다든지, 옛날 것을 생각한다든지, 마음이 별별 곳에 다 있습니다. 그 내 마음을 내가 되가져와야 합니다. 이것이 마음을 거두어들이는 섭심攝心입니다. 그러면 마음이 때로는 보기도 하고 때로는 듣기도 하고 생각하기도 하는데, 이것이 무엇인가를 돌이켜 보는 것이 반조返照입니다. 섭심을 해서 안으로 돌이켜보는 섭심내조攝心內照와 자기 마음을 반조하는 자심반조自心返照를 합쳐서 섭심반조攝心返照입니다.
　이와 같이 '이것이 무엇인가.' 하고 내 마음을 되가져왔으면, 그 다음에 '내 마음 되돌아보기'를 합니다. 지금 내가 누구를 욕하고 있는데, 욕하는 이것이 무엇인가? 지금 내가 무서워하고 있는데, 무서워하는 이것이 무엇인가? 이렇게 하는 게 내 마음 되돌아보기를 하는 것입니다. 그리하면 불생불멸不生不滅을 통달하게 됩니다. 이것이 무아법無我法을 통달하는 것입니다.

 그것은 생각을 일으키는 것이 아니고 통달하는 것입니다. 돌이켜 보는 일이 자꾸 깊어지고 깊어지면 통달하게 되는데 이것이 정극광통달淨極光通達입니다. '청정함이 극에 다다르면 통달하게 된다.'라는 뜻입니다. 정淨이 지극한 경지까지 가면 통달이 됩니다. 그렇게 되면 적조함허공寂照含虛空이라, 고요하게 밝기만 한 마음이 허공을 다 삼켜버립니다. 그것을 성불成佛이라고 합니다. 따라가기만 하는 것이 아니라, 고요한 상태로 환하게 보는 것이 적조寂照이고 그것이 보리菩提입니다.

 복업福業을 닦고 '내 마음 되가져오기' '내 마음 되돌아보기'를 통해서 도업道業을 이루는 불자가 되면 참으로 잘 사는 것입니다.

(2011년 12월 1일 방영)

수도修道와 증도證道

불교 수행에서 도를 닦아 증득하는 과정을 수증차제修證次第라고 합니다. 도를 닦는 것이 수도修道이고, 그 도를 이루는 것이 증도證道입니다.

수도와 증도라는 그 '도道'란 무엇인가? 그보다 '도' 아닌 것은 무엇인가? '도' 아닌 것을 미혹迷惑이라고 합니다. 몰라서 큰 의혹을 가진 상태가 미혹입니다. 미혹은 누가 하는가? 범부凡夫입니다. 미혹한 이가 범부입니다. 그래서 미혹범부迷惑凡夫입니다.

도를 닦고 도를 증득하면 범부가 아닙니다. 도에 들면 성현聖賢입니다. 성현의 세계는 네 가지, 사성四聖이 있습니다. 사성은 성문聲聞·연각緣覺·보살菩薩·불佛입니다. 미혹한 범부는 지옥地獄·아귀餓鬼·축생畜生·아수라阿修羅·인간人間·천상天上의 여섯 가지, 육범六凡입니다. 이 사성과 육범을 합해서 십법계十法界라 합니다.

범부 중에 아주 깊이 미혹한 범부를 구박범부具縛凡夫라고 합니다. 얽힐 대로 다 얽혀서 얽힌 것이 많은 범부가 구박범부입니다. 속박이 구비될 대로 다 구비되었다는 뜻입니다.

구박범부는 크게 두 가지를 모릅니다. 자기 몸을 모르고, 자기 마음을 모릅니다. 그것이 미혹입니다. 자기 몸을 모른다는 것은 인연에 의해서 어머니 아버지로부터 받은 이 몸을 내 몸이라고 알고 있는 것입니다. 사대색신四大色身으로 자기를 삼는 것이지요. 몸은 인연에 의해서 생긴 물건입니다. 이 물건은 자기의 힘으로만 생긴 것이 아니라 여러 가지 인연에 의해서 된 것입니다. 그런데 범부는 지地·수水·화火·풍風 사대四大와 눈에 보이는 모습인 색신色身으로 자기 몸을 삼습니다. 이것이 자기 몸을 모르는 미혹입니다.

이보다 더 깊이 미한 것은 자기 마음을 모르는 것입니다. 밖으로만 밖으로만 색色·성聲·향香·미味·촉觸·법法 육진六塵을 쫓아가는 마음을 반연식심攀緣識心이라고 합니다. 범부는 육진만 반연하고 그렇게 따라가서 분별하는 분별식심分別識心으로 자기 마음을 삼습니다.

사대색신으로 자기 몸을 삼고, 바깥 육진 경계를 쫓아가는 분별식심으로 자기 마음을 삼는 이것이 미혹업迷惑業입니다. 이것은 인연 따라 형성된 것이기 때문에 인연이 바뀌면 금방 없어집니다. 이 몸도 이렇게 유지할 수 있도록 지금까지 여러 가지 인연이 갖추어진 것입니다.

지금까지 살아 있다는 것이 참 기적 같잖아요? 전염병이 심하게 걸렸어도 죽었을 것이고, 전쟁을 만나서 총에 맞았어도 죽었을 것입니다. 홍수에 떠내려가도 죽었을 것이고, 교통사고가 나도 죽었을 것인데, 이런 것을 피해서 오늘날까지 살아남은 것입니다. 이런 것을 전부 하늘의 뜻이라고 본다면 인명人命은 재천在天입니다. 그러면 하늘이 별게 아니라 전염병도 하늘이요, 홍수도 하늘이요, 교통사고도 하늘이요, 일체 전쟁도 하늘입니다. '인명이 하늘에 있다.'라는 이야기는 '나의 목숨은 외부 환경에 있다.'라는 말과 똑같은 것입니다.

이처럼 나의 목숨은 여러 가지 환경에 의해서 조성된 것이기 때문에 환경이 바뀌면 없어져버립니다. 그런데 우리는 이것밖에 모릅니다. 그래서 미혹이라고 합니다. 마음도 사람 생각하고, 나무 생각하고, 물 생각하고, 밖으로만 밖으로만 물상을 생각하는데, 대상이 바뀌면 생각도 바뀝니다. 물을 보다가 나무를 보면 금방 물을 보던 마음이 나무를 보는 마음으로 바뀝니다. 나무를 보다가 사람을 보면 사람을 보는 마음으로 또 바뀝니다. 시골에 있다가 서울에 오면 조금만 있어도 서울 사람이 되어버립니다. 어머니만 좋다고 하다가 아내를 맞이하면 금방 아내가 좋습니다. 결혼하기 전에는 시집이 없었으니까 자기를 낳아준 어머니, 아버지가 계신 친정이 최고였습니다. 그런데 결혼하고 나면 자꾸 친정에 있는 것을 시집으로 가져갑니다. 이렇게 못 믿을 것이 인간의 마음입니다.

　이렇게 마음은 수시로 바뀌고, 환경이 없어지면 환경 따라가던 마음도 없어집니다. 그러니까 어떤 것이 내 마음인지 내 마음을 모르는 것입니다. 중생은 밖으로 따라가는 분별식심을 자기 마음이라 여기고 본래의 자기 마음을 잃어버렸습니다. 또 다른 곳에서부터 여러 가지 인연으로 이어받은 것을 자기 몸으로 알고 자기 몸을 잃어버린 겁니다. 이것을 미혹이라고 합니다.

　다시 비유로 말하면 이런 것입니다. 수면몽유睡眠夢遊, 잠이 들면 꿈을 꿉니다. 꿈에서 왔다 갔다 하는 것을 몽유라고 합니다. 잠이 들었기 때문에 꿈이 나타나는 것입니다. 잠이 들지 않으면 꿈이 나타나지 않습니다. 그런데 꿈을 꾸는 순간에는 내가 누구인지, 어디에서 잠이 들었는지, 내가 어디에 있는지 모릅니다. 그런데 꿈은 어떻게 깨는가? 잠을 깨면 꿈도 깹니다.

　꿈을 깨우려고 할 필요가 없습니다. 잠을 깨면 꿈도 깹니다. 그러니까 우리는 미혹한 상태를 놓아두고 좋은 사람이 되려고 하고, 착한 사람이 되려고 합니다. 이것은 어려운 방법입니다. 그렇다면 어떻게 하면 되는가? 좋게 살려고 하지 않고, 착하게 살려고 하지 않고, 내가 누구인지 깨닫기만 하면 됩니다. 깨달으면 좋게 살지 말라고 해도 좋게 삽니다. 그 원리가 무엇인가? 잠만 깨면 꿈을 꾸라고 해도 꾸지 않는 이치와 같습니다. 그러니까 꿈에서 벗어나게 하는 방법은 잠을 깨는 것입니다. 잠자도록 내버려놓고 '꿈꾸지 마, 꿈꾸지 마.' 그것은 소용이 없습니다. 미혹한 상태로 그대로 내버려놓고 '좋게 살아야 한다, 좋게 살아야 한다.'고 하면 그것은 될 수 없습니다.

그리고 눈에 병이 생기면 허공에 꽃이 나타납니다. 그것을 안예공화眼翳空華라고 합니다. '눈에 가림이 생기면 허공에 꽃이 보인다.'라는 뜻입니다. 이것을 '경계를 쫓아가는 생각으로 내 마음을 삼고, 사대육신으로 내 몸을 삼는 것과 같고, 잠들어서 꿈꾸는 것과 같다.'라고 합니다.

사대육신으로 내 몸을 삼는 것에서 벗어나고, 허공에서 꽃을 보는 데서 벗어나는 방법이 수성몽멸睡醒夢滅입니다. 잠에서 깨면 꿈은 없어져 버립니다. 잠에서 깨기만 하면 꿈은 없어집니다. 안예화소眼翳華消라, 눈을 가렸던 안예가 사라지면 허공의 꽃은 소멸해버립니다. 그것이 예제화소翳除華消, '눈병이 제거되면 허공꽃은 저절로 소멸된다.'는 것입니다.

잠이 들었을 때는 꿈을 꾸는데, 잠에서 깨면 꿈은 없어져요. 눈에 병이 났을 때는 허공 꽃이 보이는데, 눈병이 사라지면 허공 꽃은 저절로 없어집니다. 몽멸화소夢滅華消, 꿈이 없어지고 허공 꽃이 사라져 버리면 그다음에는 어떻게 될까요? 별 것 아니라 구인정안舊人淨眼입니다. 구인

舊人, 옛사람은 잠들기 전 그 사람입니다. 꿈이 소멸하고 허공 꽃이 소멸하면 그것이 눈병 나기 전 그 사람이고, 또 꿈꾸기 전 그 사람이니까 다른 사람이 아니라는 말입니다. 옛사람의 눈병 나기 전의 깨끗한 눈입니다. 이 경지를 증도證道라고 합니다.

새해 새날이 밝으면 그것이 옛날입니다. 새해가 옛 해입니다. 또 옛 해가 새해입니다. 옛 해가 새해고 새해가 옛 해라니, 지금 무슨 소리를 하는 것일까요? 꿈에서 딱 깨면 옛사람이고, 눈병 딱 나으면 옛날 눈입니다. 다른 이상한 눈이 아니고, 이상한 사람이 아닙니다. 이것을 도道라고 합니다. 눈병 낫게 하고 꿈에서 깨게 하는 이것을 수도修道라 하고, 온전히 눈병이 낫고 꿈에서 완전히 깬 것을 증도證道라 한다는 말입니다.

그렇다면 수도는 어떻게 하는가? '도를 닦는다.'라고 하니까 이것을 참 오해하기 쉽습니다. 어떤 사람은 고스톱을 잘하는데, 그 사람을 도사道士라고 해요. 어떤 사람은 사주팔자를 잘 본다고 도사라고 하더라고요. 부자 되는 것이 도 닦는 것이 아니고, 신통 잘 부리는 것이 도 닦는 것이 아닙니다. 이상한 기술 하나 익혀서 잘 먹고 잘사는 것이 도 닦는 것이 아닙니다. 그렇다면 무엇인가? 본래 내 몸을 찾고, 본래 내 마음을 찾는 것입니다.

이 몸은 인연 따라 생겼다가 인연 따라 가버리는 것입니다. 지금 내 생각도 전부 인연에 의해서 생겼다가 인연에 의해서 가버립니다. 그래서 어릴 때 생각이 나이 많아지면 달라집니다. 저도 어릴 때 생각에서 완전히 달라져버렸습니다. 그러니까 어릴 때 나와 지금 나는 달라요. 그렇다면 '진정한 나는 누구인가?' '진정한 내 몸은 누구인가?' 이것을 깨닫는 것이 수도修道입니다.

편안히 자기 잠자리에 누워 있는데도 꿈에서 돌아다니기 때문에 지금 악몽을 꾸고 있는 것입니다. 악몽의 세계에서 벗어나는 길은 멀리 갈 것이 아니라 그 잠에서 깨면 끝납니다. '꿈에서 벗어나고 싶거든 잠을 깨라.' 잠 깨면 꿈은 없어지고, 꿈이 없어지면 꿈에 보았던 것은 흔적도 없습니다. 그것이 수도입니다.

수도는 천千 부처님, 만萬 부처님도 방법이 똑같습니다. 불조佛祖가 일로출세一路出世, 한 길로 세상에서 벗어난다고 해요. 다른 길이 없고, 두 길이 없습니다. 그것이 무슨 길인가. 한마디로 말해서 벽관壁觀입니다. 다른 여러 가지 표현이 있는데 동북아시아의 대표적인 표현으로 벽관이라고 합니다. 벽관은 면벽관심面壁觀心하는 것입니다. 벽을 대면해서 마음을 보는 것이니, 면벽은 마주 대면하는 것이고, 관심은 자기 마음을 보는 것입니다.

이러한 면벽관심이 벽 앞에 가서 얼굴 보고 앉는 것이 아닙니다. 면벽이라고 하니까 벽 쪽을 향해서 앉는 것으로 아는데, 그것은 하나의 형식입니다. 비유하자면 '공중조비空中鳥飛, 공중에 새가 왔다 갔다 날아다니는 것'입니다. 또 '수중어행水中魚行, 물속에 고기가 왔다 갔다 노니는 것'입니다. 물속에서 물고기가 왔다 갔다 하면 그 물고기가 물을 의식할까요, 하지 않을까요? 하지 않습니다. 또 공중에서 새가 날아다니면 그 새가 공중을 의식할까요, 하지 않을까요? 하지 않습니다. 벽관도 그렇습니다.

눈으로 색을 보고, 귀로 소리를 듣고, 코로 냄새를 맡고, 입으로 맛을 보고, 몸으로 느낀다고 하면, 그냥 보고, 듣고, 냄새 맡고, 맛보고, 느낄 뿐이지 그것을 밀어내거나 집착하는 애증심愛憎心을 일으키지 않습니다. 그것을 벽壁이라고 합니다. 눈앞에 담장을 치는 벽이 아니라, 보되 마치 벽처럼 거기에 딸려가지 않고, 듣되 벽처럼 거기에 딸려가지 않고, 마음이 대상에 따라가지 않는 것을 벽이라고 합니다.

면벽 하기 참 쉽습니다. 딱 보기만 보고 미워하거나 좋아하면서 거기에 따라가지 않으면 됩니다. 사람을 보고 말은 하는데 그저 담담한 마음으로 이야기를 하면, 사람이 벽 보고 이야기하는 것 같다잖아요. 딱 맞는 얘기입니다. 그러니까 밥을 굶으라는 것이 아니라 밥을 먹되 그 밥에 좋다, 나쁘다라고 분별해 따라가지 않는 것이 벽입니다. 마음이 인연에 따라가지 않는 것이 벽의 의미입니다.

관심觀心은 관조자심觀照自心이라는 말입니다. '자심을 관조하는 것'입니다. 생각도 하고, 듣기도 하고, 꿈도 꾸고 하는 이 마음이 무엇인가? 그래서 면벽관심이라고 하는 것은 '심여장벽心如牆壁, 마음을 장벽과 같이 하는 것'입니다. 장벽은 바람이 와도 그냥 맞이할 뿐이고, 구름이 지나가도 그냥 맞이할 뿐입니다.

우리 몸이 무엇을 하지 말라는 것이 아니라, 온갖 것을 다 하되 그 경계 그 대상에 애증 집착을 일으키지 말라는 것입니다. 상대하지 않는 것입니다. 눈을 감으라는 것이 아니라, 눈을 뜨되 눈에 보이는 것에 대해서 미워하고 좋아하고 집착을 일으키지 않으면 그것을 벽이라고 합니다. '내가 이 꼴을 보지 말아야지.' 하고 도망갈 것이 아니라, 그냥 그대로 보되 거기에 좋아하거나 싫어하는 그런 마음을 일으키지 않으면 그것이 벽입니다.

어떤 사람은 "시끄러워서 도대체 참선이 되지 않는다. 조용히 좀 하라."고 하니 사람들이 무서워서 조용히 하잖아요. 한 20분 지나니까 정작 시끄럽다던 그분이 졸아버립니다. 시끄럽다고 호통칠 때는 참선을 아주 잘할 줄 알았는데 조용하니까 그만 졸아버립니다. 바로 그것입니다. 시끄러운 것에 왜 신경을 씁니까? 벽처럼 그냥 들리면 들리는 대로 대상에 애증 집착을 일으키지 않으면 됩니다. 그리고 과거 일이 생각나고 기억나는 것에 왜 신경을 씁니까? 생각나면 생각나는 대로, 기억나면 기억나는 대로 그냥 벽처럼 살면 됩니다.

청소하고 일하고 밥 먹고 온갖 할 것 다 하되, 보이고 들리고 느끼고 생각나는 데 좋아하고 싫어하는 분별 집착을 일으키지 않는다는 것입니다. 그러면 그다음에는 어떻게 하는가? '보고 듣고 하는 내 마음이 무엇인가!' 관조자심을 하는 것입니다. 생각은 장벽과 같게 하되 자심을 관조하면 그것이 벽관입니다. 똑같은 방법입니다.

　그 관문을 통과하지 않고 깨닫는 법은 없습니다. 왜 깨닫지 못하는가? 자꾸 경계를 따라서 움직이니까 깨닫지 못하는 것입니다. 경계를 멈추고 마음을 보면 금방 깨닫습니다. 경계를 멈추지 않기 때문에 깨닫지 못하고, 또 경계를 멈추면 잠을 자버리니까 깨닫지 못합니다.

　잠자서 깨닫지 못하고, 경계 따라가서 깨닫지 못합니다. 이 두 경우뿐입니다. 잠은 억만년 자더라도 깨닫지 못합니다. 조용하면 잠을 자지 말고 '이것이 무엇인가.' 관조자심觀照自心을 해야 깨닫습니다. 또 시끄럽거나 조용하거나 마음을 장벽과 같이 대상에 분별하지 말아야 깨닫습니다. 심여장벽이 벽관입니다. 이렇게만 하면 깨닫지 못할래야 못할 수 없습니다. 잠을 자거나 경계를 따라가는 것을 어려운 말로 혼침도거惛沈掉擧라고 합니다. 혼침은 잠을 자는 것이고, 도거는 경계를 따라간다는 말입니다. '움직일 도掉' 자입니다.

　잠은 억만년 자도 깨닫지 못하고, 온갖 것을 다 쫓아다녀도 깨닫지 못합니다. 그러니까 마음을 장벽과 같이 멈추어라, 다른 것은 보지 말고 내 마음이 무엇인가를 관조하라는 것입니다. 그것을 수도라고 합니다.

그렇게 수도를 하면 수도하는 때에 나쁜 짓은 할 수가 없습니다. 수도하기에도 바쁜데 언제 다른 짓을 하겠습니까? 못합니다. 다른 것을 하라고 해도 할 여가가 없습니다. 그것이 수도입니다.

그리고 중도證道란 계합契合입니다. '들어맞는다.'라는 것입니다. '들어맞는다.'라는 것은 무엇인가? 밖으로 쫓아가는 반연하는 마음을 연심緣心이라 하고 본래 마음을 본심本心이라 하는데, 연심이 본심과 딱 만나는 것이 계합입니다.

우리가 듣는다고 하면 소리를 듣는 것이지, 소리 아닌 것은 듣지 못합니다. 조용하면 조용한 것을 듣고 시끄러우면 시끄러운 것을 듣는데, 내가 본래 듣는 것을 본문本聞이라고 합니다. 아는 것도 사람을 알든지 물건을 알든지 밖으로 아는데, 내가 본래 아는 것을 본지本知라고 합니다. 그리고 느끼는 것도 맛을 느낀다든지 밖의 경계를 느끼는데, 내가 본래 느끼는 것을 본각本覺이라고 합니다. 본문이 있고 본지가 있고 본각이 있으니, 그것과 딱 만나는 것을 계합이라 하는 것입니다. 그리고 증득證得해 들어간다고 해서 증입證入이라고 합니다. 또 본각과 세상 따라다니던 생각이 합해진 것이라고 해서 합각合覺이라고도 합니다.

그러면 본각이란 무엇인가? 본각은 무상무공無相無空입니다. 형상도 없고 허공도 없습니다. 이것은 생각이 도저히 미칠 수 없습니다. 그리고 공적영지空寂靈知입니다. 공공적적空空寂寂한데 소소영영昭昭靈靈해서 전부 다 압니다. 역대조사가 깨달은 것이 무상무공, 공적영지입니다. 공적하면서도 신령스럽게 아는 것입니다. 신령스럽게 아는데 공적한 것입니다.

그러면 도대체 무상무공, 공적영지가 어디에 있다는 말인가? 고인古人들이 말하기를, 무상무공 공적영지가 나의 본지本知이고, 본심本心이고, 본각本覺이라고 하니, 이것은 내가 나기 전부터 있었고, 천지 만물이 없어지고 난 이후까지 있습니다. 역사와 형상이 다 없으면서 모든 데 자재한 것을 본각이라 하고 본심이라고 합니다. '그 사람 본심이야.' 할 때의 그 본심이 아니고, 어머니 아버지가 낳기 전부터 있었던 그 마음을 본심이라고 합니다. 또 눈으로 형상을 보고 귀로 소리를 듣기 이전부터 있던 그것을 본문本聞, 본견本見, 본지本知, 공적영지空寂靈知라고 합니다.

그렇다면 공적영지가 어디에 있는가? 잘 들어 보십시오.

今說者是 금설자시
今聞者是 금문자시

지금 말하는 것이 바로 공적영지다.

지금 듣는 것이 바로 공적영지다.

이것을 아는 사람은 다시는 의심이 없습니다. 나를 잃어버렸다고 하고 내가 나를 모르는 게 미혹한 중생이라고 하는데, 그렇다면 내가 어디에 있는가? 지금 말하는 이것이 공적영지의 나이고, 지금 듣는 이것이 공적영지의 나입니다. 다시 말해서 잃어버리지 않은 것입니다. 그런데 몰라요. 그래서 미혹하다고 하는 것은 다른 것이 아니라, 가지고 있으면서 모르는 것입니다.

그것을 『법화경』에서는 호주머니에 보물이 있는데 모르고 밖에 가서 얻어먹는 것에 비유했습니다. 의내보주衣內寶珠를 모르고, 문전걸식門前乞食한다는 것입니다. 가지고 있으면서 모르는 것입니다. 즉 공적영지가 지금 말하는 이것이고 지금 듣는 이것이지, 이것 떠나서 따로 있는 것이 아니라는 말씀입니다.

여기에서 만약 조금이라도 의심과 미혹이 있다면 의심하는 이것이 무엇인지 참구參究하라고 합니다. 이렇게 하면 자연히 벽관이 됩니다. '이것이 무엇인가! 무엇인가!' 참구가 간절하면 저절로 보되 보는 데 신경을 쓰지 않고, 듣되 듣는 것에 신경을 쓰지 않습니다. 면벽관심을 저절로 하게 되는 것입니다.

그래서 '견문언사 시개삼마見聞言思 是箇甚麼, 보고 듣고 말하고 생각하는 이것이 무엇인가!' 이렇게 되면 깨달음이 오는 것은 시간문제입니다. 그런데 왜 깨닫지 못하는가? 잠을 자서 깨닫지 못하고, 밖으로만 밖으로만 쫓아가서 깨닫지 못한다고 했습니다. 밖으로 쫓아가지 않고 안으로 잠들지 않고 '무엇인가! 무엇인가!' 참구하면 깨닫지 못할 수가 없습니다. 항상 밖으로 쫓아가서 깨닫지 못하고 안으로 잠들어서 깨닫지 못할 뿐입니다.

'무엇인가!' 참구하면 밖으로 쫓아가는 반연심과 안으로 잠드는 수면이 다 없어집니다. '보고 듣고 움직이는 이것이 무엇인가! 무엇인가!' 하면 모든 장애가 다 없어지고 그것을 통해서 나의 본각, 본심, 본지와 딱 만나게 됩니다. 이것을 증도證道라 하고 계합契合이라고 하는 것입니다.

본래 나를 만나보면 거기에는 일체 장애가 없습니다. 그 경지가 어떤 경지인가? 그 경지를 이렇게 이야기를 합니다.

契合本覺 계합본각
圓照自在 원조자재

본각에 계합하면
둥글게 비추는 것이 자유자재하다.

'본각本覺은 원조圓照다.' 그것이 본심本心입니다. 그런데 우리는 분별심分別心만 알지 원조본각圓照本覺을 모릅니다. 또 생로병사生老病死하는 이 몸만 알지 불생불멸不生不滅하는 나의 법신法身, 본신本身을 모릅니다. 원조자재가 나의 본심인데, 분별망상만 알고 원조자재한 본심을 잃어버렸습니다. 그래서 분별망상하고 생로병사하는 나에서 불생불멸하고 원조자재하는 나를 만나야 하는 것입니다.

우리가 이것 하나 몰라서 온갖 죄를 다 짓습니다. 자기 몸이 나중에는 없어지는데 자기에게만 이익이 가게 하려고 많은 죄를 짓습니다. 결국 죄만 남고 이익은 없어져버리고, 그 죄 때문에 내생에 또 고생합니다.

요즘 '깔때기'라는 말이 유행하고 있습니다. 깔때기는 병에 무엇을 담을 때 병 꼭지에 씌우고 붓는 것인데요, 거기에는 무엇을 어떻게 부어도 그 속으로 다 들어갑니다. 중생은 무슨 일을 해도 자기에게 좋게 해버립니다. 그래서 중생은 전부 깔때기입니다. 아버지가 하자는 대로 하면 나중에 아버지만 좋아져버립니다. 그것이 아버지 깔때기입니다. 아이들 좋게만 하면 나중에는 아이들만 좋아집니다. 그것이 아이들 깔때기입니다. 남편 좋게만 하면 나중에는 남편만 좋게 되어버립니다. 완전히 남편 깔때기입니다.

제가 상좌들에게도 이야기합니다. "너희들이 하자는 대로만 하면 결국 너희들 좋아진다. 그렇게 하면 너희들 깔때기다. 내가 하자는 대로만 하면 나중에 나 좋아진다. 그러면 내가 깔때기다." 그래서 누가 무엇을 하자고 제안을 하면 꼭 물어봐야 합니다. "누구 좋으라고 하는데요?" 꼭 물어보십시오. 모두 다 좋게 확인이 되면 해야지, 확인하지 않고 하게 되면 누군가를 위한 깔때기가 되어버립니다.

그리고 이 몸을 나라고 여기다 보니 이 몸을 위한 집착이 엄청납니다. 그것을 탐욕貪慾이라고 하는데 탐욕은 요즘 말로 하면 '빨대'입니다. 빨대는 빨면 자기 목구멍으로 들어가지 밖으로 나가는 것이 없습니다. 뭐든지 빨아들여버립니다. 그리고 요즘에 '먹튀'라는 말도 있습니다. 먹튀는 먹고 튀어버리는 것입니다. 왜 이렇게 중생이 먹튀가 되고 빨대가 되고 깔때기가 되는가? 금방 없어질 수밖에 없는 이것을 나라고 꽉 붙잡아서 그렇습니다. 몸 하나 때문에 이렇게 되어 크게 잘못 살고 있는 것입니다.

그렇다면 어떻게 해야 잘 사는 것인가? 먹튀에서 면하고, 빨대에서 면하고, 깔때기에서 면하려면 '나'를 찾아야 합니다. '보고, 듣고, 태어나고, 죽고 하는 이것이 무엇인가?' 나를 찾는 마음공부 하면 죄를 지으라고 해도 죄를 지을 수가 없고, 잠을 자라고 해도 잠을 많이 잘 수가 없습니다. 그것이 정말 잘사는 길이고, 그것이 정말 행복한 길입니다.

불교에서 행복이라고 하는 것은 대안상락大安常樂입니다. 크게 편안하고 항상 즐겁습니다. 조금 편안하고 마는 것이 아니라, 완전히 편안한 것입니다. 그것이 중도證道이고 열반涅槃이고 해탈解脫입니다.

인간으로 태어나서 다른 어떤 것보다 자기를 찾는 도 닦는 일이 정말 중요합니다. 이것은 투자 중에서도 최고의 투자입니다. '나의 영혼으로 나의 영혼에게 투자하라.' 그렇게 하면 어떤 이익을 얻는가? '대안상락의 이익을 얻는다.' 이보다 더 크게 이익을 보는 투자가 어디 있습니까?!

(2011년 12월 29일 방영)

깨달음과 마음공부

제가 젊었을 때 불교 공부를 하면서 아주 궁금한 것이 두 가지가 있었습니다. 첫째 궁금한 것은 '부처님이 깨달으셨다고 하는데 무엇을 깨달으셨을까?' 부처님이 깨달으신 내용은 무엇일까? 그것이 굉장히 궁금했습니다. 그런데 큰스님들께 물으면 혼만 났습니다. 안 맞으면 다행입니다. 선배 스님들에게도 "스님, 깨달았어요?"라고 물으면 그냥 맞아요. 어른스님들께 여쭤보면 혼나고 맞는 그것이 '깨달았는가?'라는 질문에 대한 답의 내용이었습니다.

둘째는 '부처님에게도 노老·병病·사死가 있었다면 부처님께서는 노·병·사를 어떻게 해결하셨을까?'입니다. 부처님께서 도를 닦으시게 된 동기가 인간의 노·병·사를 해결하기 위함이었습니다. 늙고 병들고 죽는 일을 해결하려고 출가 수도를 하신 겁니다. 쉽게 말하면 생사해탈生死解脫을 하려고 부처님께서 도를 닦으셨으니, 부처님에게도 생사가 있었다는 말입니다. 그렇다면 부처님께서는 생사에서 생사를 어떻게 벗어나셨을까라는 것이 아주 궁금했습니다. 그래서 '깨달음과 마음공부'라는 것을 생각하지 않을 수 없습니다.

그 후에 보니까 그 깨달음의 문제는 부처님의 모든 설법에 해답이 다 담겨 있었습니다. 부처님은 깨달음을 통해서 탄생하셨습니다. 깨닫지 못하면 부처님이라고 하지 않습니다. 깨달음이 부처님과 부처님 아님을 구분하는 분기점입니다. 깨달으면 부처님이고, 깨닫지 못하면 부처님이라고 하지 않습니다.

부처님께서 설법하신 것은 다 깨달은 이후에 하신 것이기 때문에 모든 설법 내용, 부처님의 말씀이 깨달으신 내용입니다. 그래서 경을 잘 보면 경에 다 나와 있는데, 경을 제대로 보지 못하고 생각으로만 '부처님이 깨달았다고 하는데 무엇을 깨달으셨을까?' 궁금했던 것입니다.

부처님의 깨달음에 대한 많은 말씀이 있지만 아주 간략하게 설명한 두 게송이 있습니다. 그 하나는 부처님께서 설법을 시작하시고 얼마 되지 않았을 때 부처님 제자가 읊은 게송입니다. 부처님의 10대 제자 중 지혜제일智慧第一로 불린 사리불舍利弗이 출가하기 전에 부처님의 한 제자를 만났는데 그 제자의 모습에 무척 감동했습니다. 그래서 "당신의 스승은 누구이고, 당신의 스승은 무엇을 가르치는가?"를 물었습니다. 그 질문에 부처님의 제자가 답한 내용입니다.

  諸法從因生 제법종인생
  諸法從因滅 제법종인멸
  如是滅與生 여시멸여생
  沙門說如是 사문설여시

  제법이 인연으로부터 생겨나고
  제법이 인연으로 없어진다.
  이와 같이 멸하고 생하니
  사문께서는 이 같음을 설해주신다.

'제법종인생諸法從因生이요 제법종인멸諸法從因滅이라', 제법은 색법色法과 심법心法입니다. 우리 몸이 전부 색법과 심법으로 되어 있습니다. 색은 육체이고 심은 수受·상想·행行·식識입니다. 이것을 합쳐서 제법이라고 합니다. 심법이나 색법이나, 육체나 마음이나, 물질이나 마음의 제법이 인연으로부터 생겨나고, 인연으로부터 없어진다는 것입니다.

'여시멸여생如是滅與生을 사문설여시沙門說如是라', 이와 같이 소멸하고 생기하는 것을 사문께서는, 그 당시에는 '세존'이라는 말도 아직 공식화되기 전이라서 사문이라고 불렀어요, 이와 같은 말씀을 해주신다고 하였습니다.

이 내용이 『불본행집경佛本行集經』 제48권 「사리불인연舍利弗因緣」조에 기록되어 있습니다. 사리불이 그 말씀을 듣고 바로 발심해서 부처님의 제자가 되었습니다. 그러니까 여기에서는 인연법因緣法을 말씀하신 것입니다. 부처님께서 깨달으신 것은 인연법인데, 인연으로부터 모든 것이 생기고 인연으로부터 모든 것이 없어진다는 것입니다. 불교가 무엇인가? 인연법을 말하는 것이 불교입니다. 그렇다면 이 인연법이라고 하는 것은 도대체 무엇을 말하는 것인가? 한마디로 '모든 것은 자업자득自業自得이다.' '모든 것은 불생불멸不生不滅이다.'라는 것이 인연법입니다.

먼저 자업자득이란 내가 지금 괴로움을 받는 것도 자업자득이고, 즐거움을 받는 것도 내가 만들어서 내가 받는 것입니다. 이것이 고락인과苦樂因果입니다. 인식의 인과도 자업자득입니다. 안·이·비·설·신·의 육근六根으로 색·성·향·미·촉·법 육경六境을 인식하는데, 눈으로 보는 것, 귀로 듣는 것 등 육식六識을 업식業識이라고 합니다. 이것이 전부 자업자득입니다.

업식은 자기 업에 의해서 인식체계가 형성되는 것입니다. 모든 중생들의 인식체계는 모든 중생들의 경험체계에서 형성됩니다. 내가 저 하늘을 보면 나의 경험, 나의 업으로 내 식의 하늘이 보이는 것입니다. 내가 땅을 보면 나의 업으로 내 식의 땅이 보입니다. 모기가 보면 모기 식 땅이 보이고, 파리가 보면 파리 식 하늘이 보이는 것입니다. 이것을 어려운 말로 순업발현循業發現이라고 합니다. 업에 따라서 나타난 것입니다.

이처럼 인연법은 한마디로 말해서 자업자득인데, 그 자업자득의 근본은 불생불멸不生不滅입니다. 불생불멸을 왜 불생불멸이라고 하는가. 첫째는 무상無常하기 때문입니다. 둘째는 불가득상不可得相, 그 실체를 잡을 수 없기 때문입니다.

인연법에 대한 가르침으로서 '제법이 인연으로부터 생겨나고 제법이 인연으로부터 없어진다.'라는 위 게송보다 더 많이 외워지는 게송이 있습니다.

    諸行無常 제행무상
    是生滅法 시생멸법
    生滅滅已 생멸멸이
    寂滅爲樂 적멸위락

제행이 무상하니

생멸법이다.

생멸이 멸해 마치면,

적멸이 즐거움이 된다.

『열반경涅槃經』에 수록된 이 게송이 부처님의 깨달음을 더 구체적으로 말씀하신 중요한 내용입니다. 제행무상諸行無常, 제행이라는 것은 색심제행色心諸行입니다. 색법과 심법이 과거, 현재, 미래의 삼세 속에 흘러가는 것을 제행이라고 해요. 삼세 속에서 흘러간다는 말은 변천한다는 뜻입니다.

부처님의 관찰 대상은 자기 몸입니다. 우리는 관찰 대상을 매일 밖으로만 돌리는데, 이것은 허망한 짓입니다. 내 몸을 의사에게 맡기면 내 몸의 주인은 의사가 되어버립니다. 그래서 의사에게 '제가 어때요?' 하고 묻습니다. 자기가 자신을 모릅니다. 내 몸을 어떻게 할 수 있는 권한을 의사가 갖고 있습니다. 수술하라고 하면 수술하고, 집에 가 있으라고 하면 집에 가 있습니다. 병원에 가지 말라는 것이 아니라 항상 나를 관찰 대상으로 삼아야 한다는 것입니다. 몸을 자세히 관찰하고, 또 느낌을 관찰하고, 마음을 관찰하고, 법을 관찰하는 것을 사념처四念處라고 합니다. 신身·수受·심心·법法, 이것을 보니까 다 흘러가거든요. 제행이 무상합니다.

제행무상은 여러 가지로 말할 수 있습니다. 멸실무상滅失無常이라고 해서, 모든 것이 나중에는 없어져버려요. 소멸해서 사라져버리는 것입니다.

다음은 변형무상變形無常입니다. 변하고 바뀌는 것입니다. 젊을 때는 머리가 까맣다가 나이가 들면 하얗게 됩니다. 어제의 나하고 오늘의 나하고는 같지 않은 것입니다. 처음 태어날 때 나와 지금의 나는 같지 않습니다. 내일의 나는 오늘의 내가 아닙니다. 이것이 변형입니다. 찰나 찰나 다른 내가 됩니다. 이것이 변형무상입니다. 그런데 인간은 생각으로 언제나 지금의 나와 똑같은 나로 여깁니다. 이것은 무상을 모르고 어리석은 것입니다.

그 다음은 부분무상部分無常이 있습니다. 부분적으로 무상합니다. 같은 몸이라도 여기에는 물도 들었고, 불도 들었고, 흙도 들었고, 바람도 들었습니다. 이 부분적인 것을 제외하면 몸이 없습니다. 이것이 부분무상입니다.

그다음에는 자성무상自性無常입니다. 몸에 자체 성질이 없는 것입니다. 자성무상을 딱 관찰하면 이 몸에 대한 집착이 없어지고, 몸에 대한 집착이 없어지면 탐貪·진瞋·치痴가 없어집니다. 몸에 대한 집착 하나로 인해서 탐욕과 분노가 일어나는 것입니다.

어리석음은 이 몸이 이렇게 무상하다는 걸 모르는 것입니다. 몸 하나 지키려고 탐욕과 집착이 계속 일어나는 것입니다. '그냥 욕심 버려라.' 천만의 말씀입니다. 욕심은 그냥 버릴 수가 없어요. 어떻게 해야 욕심을 버릴 수 있는가? 이 몸이 무상함을 깊이 관찰하면 욕심이 일어날 수 없습니다. 그래서 제행무상은 바로 생멸법입니다. 생기고 사라지는 것입니다.

그런데 생멸은 왜 생기는가? 의생의멸依生依滅, 무엇에 의지해 생겨서 무엇에 의지해 소멸합니다. '의지한다.'라는 말은 다른 것에 의해서 생겨서 다른 것에 의해서 사라지는 것입니다. 예를 들면 물이 없으면 파도가 없습니다. 물에 의해서 파도가 일어나는 것입니다. 또 바람이 없으면 파도가 없습니다. 바람이 잠잠하면 파도가 자는 것 아닙니까? 이런 것이 의생의멸입니다. 다 의지해서 생겨요. 의지하지 않으면 생기지 않습니다. 또 소멸하는 것도 의지해서 소멸합니다.

이러한 의생의멸은 불생불멸不生不滅입니다. 왜 불생불멸인가? 왜 나는 것도 아니고 없어지는 것도 아닌가? 이것을 『금강경』, 『반야경』에서 계속 설하고 있습니다. 용수龍樹 150년?~ 250년 ? 보살의 핵심적인 가르침인 『중론中論』의 첫 주제가 불생불멸, 특히 불생不生입니다. 팔불중도八不中道에서 불생 뒤의 일곱 가지[不滅·不斷·不常·不一·不異·不出·不來]는 따라온 것이고, 처음의 '난 것이 없다.'라는 불생不生이 가장 중요합니다.

왜 난 것이 없는가? '생상결정불가득生相決定不可得, 난 모습을 아무리 보아도 결정적으로 얻을 수 없다.'라는 것이 불생에 대한 가르침입니다. 생상生相, 난 모습을 아무리 관찰해도 결정적으로 얻을 수 없어서 불생不生입니다. 생상을 찾을 수 없기 때문에 무생無生이라고도 합니다. 무생은 '남이 없다.'라는 뜻입니다. 그래서 부처님께서 깨달으신 것은 무생법無生法입니다. 남이 없는 법을 깨달으신 것입니다. 무생이면 자연히 무멸無滅입니다. 그 외에는 아무것도 없습니다.

생상生相을 왜 찾을 수 없는 것인가? 생기生起, 생겨서 일어났기 때문입니다. 이것이 무생입니다. 왜 남이 없는가? 이 몸을 관찰해 보면 자체성自體性이 없습니다. 그래서 생상이 결정적으로 불가득입니다. 이것을 깨달으면 무생법을 깨달은 것이고, 그 무생법을 깨달은 지혜를 참을 인忍 자를 써서 무생법인無生法忍이라고 합니다. '인忍' 자는 지혜라는 말입니다.

우리가 축원할 때 '속득무생법인지대원速得無生法忍之大願'을 합니다. '빨리 무생법에 대한 지혜를 얻기를 원하옵니다.' 이렇게 매일 축원합니다. 결정적으로 생상은 불가득입니다. '났다.'라는 자체상을 찾을 수 없음을 확실히 보고, 그것을 확실히 아는 것을 깨달음이라고 합니다.

부처님의 위대한 점이 바로 이것입니다. 다른 사람이 늙는 것을 보고 자기가 늙는다는 것을 아셨고, 모든 현상에서 무생법을 깨달으셨습니다. 그것 참 신기합니다. 우리는 매일 사람 죽는 것을 보면서도 내가 죽는다고 생각하지 않습니다. 그런데 부처님께서는 죽음을 한 번 보고 '아, 나도 죽는구나.'라는 걸 아신 겁니다. 알고 보면 아주 아무것도 아닌 겁니다. 무생이라는 것도 가만히 관찰해 보면 아무것도 아닙니다. 다 인연이 모여서 된 것이고, 자체상이 없습니다. '생상불가득生相不可得'입니다.

그래서 제행무상은 생멸법입니다. 얼마나 빠르게 생멸하는가? 염생염멸念生念滅, 찰나생찰나멸刹那生刹那滅입니다. 자체상이 없어서 무상한데 무상이 생멸임을 아신 것입니다.

그러므로 '생멸멸이生滅滅已 적멸위락寂滅爲樂'입니다. 생멸이 소멸해 다한다고 하는 것은 무엇인가? 생사는 탐진치貪瞋痴의 집착으로 연속됩니다. 무상한데 탐진치로 집착을 해서 자꾸 모아서 이어가는 것이 생사입니다. 대상이 무상하고 자체상이 없다는 것을 보고 더 이상 집착하지 아니하면 생사는 없습니다. 그것이 생멸멸이生滅滅已입니다.

오늘 이것을 보고 집착하는 데서 내일의 생사가 있는 것이지, 오늘 집착하지 않으면 내일의 생사는 없습니다. 집착은 '취할 취取' 자로도 씁니다. 오늘 취하지 아니하면 내일 생사는 없는 것입니다. 그래서 생멸이 소멸해 다하면 그다음에는 적멸위락寂滅爲樂입니다.

생사 없는 즐거움이 있습니다. 이것을 무생락無生樂이라고 합니다. 또 생멸에서 다 벗어났다고 해서 해탈락解脫樂이라고 합니다. 무생법을 보고 생멸 없음을 아는 그 지혜가 해탈지견解脫知見이고 반야대지般若大智입니다.

그러니까 부처님께서 생사고生死苦를 여의고 해탈락解脫樂을 얻으셨는데, 그 해탈락을 느끼는 것은 깨달음을 통해서 가능합니다. 이것을 종법생지從法生智라고 합니다. 색법色法과 수상행식受想行識의 심법心法에서 지혜가 나온 것이라고 해서 종법생지라고 합니다. 그것이 깨달음입니다. '오온법五蘊法으로부터 지혜가 났다고 해서 종법생지라 한다.'라고 경에 기록되어 있습니다. 그렇다면 제행무상과 해탈을 느끼는 그 무엇이 있어야 할 것이 아닙니까? 그것이 곧 해탈지견解脫知見이고 반야대지般若大智입니다.

해탈지견을 반야般若라 하고, 반야는 소소한 지혜가 아니라 큰 지혜라서 대지大智라고 합니다. 그래서 해탈지견이 반야대지입니다. 그것은 깨달음을 통해서 나온 것입니다. 해탈지견을 믿고 우리도 성불하려고 노력하는 것이 대승불교입니다.

부처님의 해탈지견에서 얻어지는 무궁무진한 자慈·비悲·희喜·사捨의 사무량심四無量心이라든지, 십사무애력十四無碍力이라든지, 십팔불공법十八不共法이라든지, 『화엄경』「이세간품離世間品」에서 2천 가지 법락法樂을 말씀하신 그것이 대승불교입니다.

그러니까 탐진치 고통에서 벗어나는 것까지만 말한 불교가 있고, 탐진치 고통에서 벗어난 이후 해탈지견에서 얻어지는 것을 말한 불교가 있습니다. 그 해탈지견에서 얻어지는 것을 말한 불교가 대승불교입니다. 해탈지견의 내용을 설명한 것이 『화엄경』에서 밝힌 2천 가지 법락입니다. 그 법락은 정말 굉장합니다. 그래서 '부처님의 법락을 믿고 우리도 보살도菩薩道를 닦아서 부처님과 같이 법락을 얻자.' 이것이 '성불합시다.'라는 말에 함축된 것입니다.

그렇다면 해탈지견은 어떻게 설명하는가? 해탈지견은 불생불멸不生不滅이면서 원융원성圓融圓成입니다. 작은 것에 큰 것도 있고, 큰 것에 작은 것도 있어서 막히고 걸리는 데가 없이 원융합니다. 또 큰 것에서 작은 것을 이루고, 작은 것에서도 큰 것을 다 이루어, 이루지 못하는 것이 없습니다. 이것을 원성이라고 합니다. 원융하고 원성한 이것을 한번 깨달아야 진짜 사는 것같이 사는 것입니다.

이러한 해탈지견에 대해서 어릴 때 많이 듣던 법문이 있어요. 제가 이 법문을 하게 될 줄은 몰랐습니다.

蓋天蓋地 개천개지

先天後天 선천후천

하늘을 다 덮어버리고 땅을 다 덮어버린다.
하늘보다도 먼저 있었고 하늘보다 뒤에까지 있다.

하늘을 다 덮고 땅을 다 덮어버려요. 하늘보다 먼저 있었고 하늘보다 땅보다 뒤에까지 있어요. 이것이 해탈지견입니다. 매일 큰스님들께서 법상에 올라가시면 "개천개지蓋天蓋地하고 선천후천先天後天이라", 이렇게 법문하셨는데 이것이 반야대지라는 말입니다.
경허鏡虛 1849~1912 큰스님은 이렇게 말씀하셨습니다.

大包沙界 대포사계
小爲微塵 소위미진
俯仰昭昭 부앙소소
視聽靈靈 시청영영

크기로는 항하사 세계를 다 거두어 싸고
작기로는 미진이 된다.
숙이고 일으키는 데 분명하고
보고 듣는 데 신령하다.

크기로는 항하의 모래 수와 같은 삼천대천세계三千大千世界를 다 거두어 싸고, 작기로는 가느다란 티끌 속에 다 들어간다. 그런데 이것이 멀리 있는 것이 아니라 우리가 앉았다가 일어나고 하는 데 아주 분명하고, 보고 듣는 데 항상 신령하다는 말씀입니다. 그것이 바로 해탈지견입니다. 그것이 바로 불성佛性이고 중생심衆生心입니다. 여기에다가 제가 게송 하나 지어본 것이 있습니다.

　　畵餠不食 화병불식
　　外入未珍 외입미진
　　一念返照 일념반조
　　已到古津 이도고진

　그림의 떡은 먹을 수 없고
　밖에서 들어온 것은 진귀한 것이 아니다.
　한 생각을 반조하면
　이미 옛 땅에 다다른 것이다.

　화병불식畵餠不食이라, 그림 떡은 먹을 수 없습니다. 부처님의 깨달음이 그림 떡이라는 말입니다. 그리고 외입미진外入未珍이라, 밖에서 들어온 것은 진귀한 보배가 아니니 내 안에서 나와야 한다는 말입니다. 내 안에서 나오려면 어떻게 해야 하는가? 일념반조一念返照해야겠지요. 한 찰나만 내 마음을 보고 듣고 생각하는 이것이 무엇인가를 반조하면, 이도고진已到古津이라, 이미 옛 땅에 이른 것입니다. '나루 진津' 자는 '땅 진津' 자도 됩니다. 보고 듣고 생각하는 것이 불성이고 여래지견如來知見인데 '이것이 무엇인가!' 이렇게 한순간만 해도 이미 옛 자기 불성 땅에 이르른 것입니다. 이것이 마음공부라는 말씀입니다.

그래서 마음공부는 중요한 것이 불취외상不取外相, 외상을 취하지 말라는 것입니다. 밖의 것만 밖의 것만 쫓아가지 말고 '섭심내조攝心內照, 마음을 거두어들여서 안으로 보라.'는 것입니다. 생각하는 이놈이 무엇인가? 안으로 비추어 보는 것이 섭심내조입니다. 그러면 그다음에는 무상무념無想無念입니다. 안으로 생각이 일어나도 그 생각에 끌려가지 않고, 밖으로 형상이 보여도 그 형상에 이끌려가지 않습니다. 그렇게 되면 그다음에는 원통자재圓通自在라, 다 통해버립니다. 그래서 자유자재하는 것이 마음공부의 과정입니다.

한번 더 말씀드리면 첫째는 불취외상, 외상을 취하지 않는다. 둘째는 섭심내조, 마음을 거두어서 안으로 본다. 셋째는 무상무념, 생각에서 생각을 여의고 형상에서 형상을 여읜다. 그다음 넷째는 원통자재입니다. 큰 것을 보면 큰 것에 통하고, 작은 것을 보면 작은 것에 통하고,

죽음을 보면 죽음에 통하고, 삶을 보면 삶에 통하는 경지입니다. 이것이 마음공부하는 과정입니다.

이러한 마음공부는 상자거각常自擧覺이요, 일용득력日用得力입니다. 항상 스스로 챙기는 것이고, 형식에 얽매일 것이 없습니다. 용맹정진하고 철야정진하는 것이 전부 다 방편입니다. 불성은 잠자지 않는 것만으로 생기지는 않습니다. 불생불멸不生不滅이고, 개천개지蓋天蓋地 선천후천先天後天입니다. 그것이 불성인데 좌복 위에서 몇 시간 허리만 세웠다고 거기에서 불성이 나옵니까? 그것이 아닙니다. 눈 떴다고 불성이 없어집니까? 오직 거각擧覺, 챙기는 것입니다. '무엇인가!' 누울 때나 앉을 때나, 몸 세우기 전에 바로 해버리는 것입니다. 서 있을 때는 선 자리에서 바로, 앉아 있을 때는 앉은 자리에서 바로, 이것이 상자거각입니다.

그렇게 되면 일용득력日用得力입니다. 이것은 동아시아 불교, 북방불교에서 아주 중요시하는 것입니다. 늘 밥 먹고 옷 입고 오고 가는 것이 일용日用인데, 거기에서 힘을 얻는 것입니다. 일용에 득력得力하는 이것이 마음공부이지, 어디에 가서 문을 닫고 앉는다고만 해결되는 것이 아닙니다.

중생성불衆生成佛이 찰나중刹那中입니다. 중생이 성불하는 것이 찰나 속에 이루어지니 이것저것 하다가도 깨달을 수 있습니다. 등이 가려워서 '아, 간지럽다.' 긁는 도중에도 가능합니다. 거기서 '무엇인가!'를 찾는 것, 이것이 일용득력이고 그것이 마음공부입니다. 그 한순간만 챙겨도 이루 말할 수 없는 불가사의한 공덕이 있습니다.

(2012년 3월 29일 방영)

수행의 개별個別과 회통會通

불교의 수행을 개별과 회통으로 말할 수 있습니다. 수행 방편은 아주 다양한데 그 낱낱이 실은 전부 하나로 돌아갑니다. 낱낱이 다른 것은 개별이고, 다른 것이 하나로 돌아가는 것은 회통입니다.

한국불교의 전통수행 항목으로는 참선參禪, 염불念佛, 간경看經, 그리고 송주誦呪를 강조합니다. 참선하고, 염불하고, 경 보고, 다라니 외우는 것이 한국불교 전통수행의 네 가지 큰 항목으로 요약되는 것입니다.

이것은 서산西山 1520~1604 대사께서 제자에게 보낸 편지인 '기동호선자서寄東湖禪子書'의 내용에서도 잘 알 수 있습니다.

參禪否 참선부

念佛否 염불부

看大乘經否 간대승경부

誦秘密呪否 송비밀주부

참선을 하느냐?

염불을 하느냐?

대승경을 보느냐?

비밀주를 외느냐?

이 내용을 보면 서산 스님 당시에 염불하는 분도 있고, 참선하는 분도 있고, 경 보는 분도 있고, 비밀주 외우는 분도 많이 있었다는 것을 알 수 있습니다. 비밀주는 다라니陀羅尼를 말합니다.

그런데 참선을 왜 하는가? 할 일이 많은데 왜 참선을 합니까? 또 염불을 왜 합니까? 오래전에 이런 이야기를 들었습니다. 염주 알 천 개를 꿰어 만든 염주인 천염千念을 한 알씩 돌리면서 '나무아미타불'을 부르고, 염불할 때마다 쌀 한 톨을 다른 그릇으로 옮겨 놓습니다. 그렇게 천염을 돌리면서 모은 쌀로 밥을 지어서 마지를 올려 부처님께 불공을 하는 염불 수행을 한다는 것입니다. 그런 수행을 말하니까 어떤 분이 "할 일이 많은데 왜 쌀이나 세고 앉았습니까?"라고 했어요. 맞는 말 같아요?

그처럼 할 일이 많은데 경을 왜 봅니까? 그리고 할 일이 많은데 뜻도 모르는 다라니를 왜 외우고 있습니까? 참선도 그래요. 어떤 사람이 "큰스님, 참선 좀 해야겠습니다." 그러니까 큰스님께서 "이 사람아, 참선을 왜 하려고 하나?"라고 하셨는데 그 물음에 대답하지 못했다고 합니다.

그런데 참선이라는 것이 다른 게 아닙니다. 내가 나를 찾는 것이 참선입니다. 경이 다른 게 아니라 내가 나를 보는 것이 경입니다. 염불이 다른 게 아니라 내가 나를 불러내는 것이 염불입니다. 송주가 다른 게 아니라 내가 나를 외우는 것이 송주입니다.

이렇게 나와 동떨어진 것, 내가 아닌 다른 걸 한번 해본다는 태도로는 수행이 되지 않습니다. 예를 들면 내가 바쁜데 거울 앞에 가서 거울을 본다고 하면, 거울을 왜 봅니까? 그것은 거울을 보는 것이 아니라 자기를 보는 것입니다. 이와 같이 '내가 나를 보는 것'이 수행입니다.

개별 수행법에 참선도 있고, 염불도 있고, 간경도 있고, 송주도 있어서 참선하는 방식, 염불하는 방식, 간경하는 방식, 송주하는 방식이 각각 다 다릅니다. 그런데 이것이 모두 다 나를 찾는 데로 돌아간다는 것이 회통입니다. 수행이라는 것이 따로따로 떨어진 것이 아니라 그것이 전부 나를 찾고 나를 부르고 나를 보는, 그 하나로 돌아가는 것이 회통인 것입니다.

『경허집鏡虛集』에 보면 법계당이라는 분에게 법문한 '시법계당법어示法界堂法語'에 이런 말씀이 있습니다.

> 或參禪也 或念佛也 혹참선야 혹염불야
> 或持呪也 乃至 六波羅蜜法門 혹지주야 내지 육바라밀법문
> 切不得分作多般道理 절부득분작다반도리
> 當務以廻光返照 照了心源 당무이회광반조 조요심원

> 혹은 참선을 하거나 혹은 염불을 하거나
> 혹은 비밀송주를 하거나 내지 육바라밀 법문도
> 절대로 여러 가지 이치라고 나누어 생각하지 말라.
> 마땅히 회광반조로 마음 근원을 비추어라.

참선을 하거나, 염불을 하거나, 다라니비밀주를 지송하거나, 내지 육바라밀 법문을 잘 실천하는 것 등은 다 개별 수행이지요. 다 개별수행인데, 이것을 여러가지 이치라고 나누어서 생각하지 말라는 것입니다. 그러면 마땅히 뭘 해야 하느냐? 회광반조廻光返照해서 조요심원照了心源하라는 말씀입니다.

회광반조가 수행의 근본입니다. 회광이라는 것은 광光은 마음 빛이니, 밖으로 나가는 마음을 돌이키는 것입니다. 반조라는 것은 자기 자신을 보는 것입니다. 그래서 회광반조는 섭심내조攝心內照입니다. 밖으로 흩어지는 마음을 거두어들여서 안으로 본다는 것입니다. 그래서 내가 나를 보는 것입니다. 내가 나를 찾는 것입니다. 조요심원은 마음의 근원을 비추어보는 것입니다. '비출 조照' 자와 '알 요了' 자를 썼는데 여기서 요了는 어조사입니다.

그렇다면 왜 나를 찾는지 그 이유를 알아야 합니다. 우리는 무엇을 위해서 싸우고 무엇을 위해서 노동하고 무엇을 위해서 힘든 일을 합니까? 그것이 전부 나를 위해서 하는 것입니다. 무엇을 하든 거기에는 전부 내가 붙어 있습니다. 내 나라, 내 집, 내 식구, 내 물건, 그 모든 뿌리에 '나'라는 것이 박혀 있어요. 전부 나를 위해서 하는데, 문제는 내가 무엇인지를 모른다는 것입니다. 충청도에서 옛 어른들이 "약 빠른 고양이가 밤눈을 못 본다."라는 말씀을 하셨어요. 고양이는 쥐를 잡아야 하는데, 쥐는 밤에 돌아다니잖아요. 고양이가 밤눈을 못 보면 어떻게 됩니까? 매번 쥐를 잡지 못하니까 굶어 죽습니다. 전부 나를 위해서 하는데, 실제 내가 무엇인지 모르니 기가 막힐 노릇입니다.

그러면 나라는 것이 무엇인가? 보통 나를 몸과 마음이라고 여깁니다. 그런데 몸이라는 것은 아침이슬과 같다고, 신여조로身如朝露라고 합니다. 아침에 맺힌 이슬은 보기에 아주 좋습니다. 그런데 햇빛이 나면 사라져 버립니다. 이 몸도 항상 변해요. 똑같은 몸이 없습니다. 작년의 몸이 지금 몸이 아닙니다. 또 금년의 몸이 내년의 몸이 아닙니다. 백 년을 살아도 똑같은 몸이 백 년 동안 가는 것은 아닙니다. 실제로 팔십이 넘으면 밥맛도 달라지고 걸음걸이도 달라집니다. 잠도 노인 한 시간 잔 것이 젊은 사람 한 시간 잔 것하고는 질이 다릅니다. 노인은 10시간을 잤다고 하더라도 자다 깨다 자다 깨다 해서 아주 불량한 잠입니다. 그래서 이 몸이라는 것은 자꾸 달라지고 아침이슬과 같이 오래 가지 못합니다.

또 신여야마身如野馬라고도 합니다. 몸이라는 것은 아지랑이와 같다는 것입니다. 야마는 아지랑이입니다. 아지랑이가 지나가는 것을 언뜻 보면 들판에서 말이 뛰어가는 것과 같다고 해서 야마라고 한 것입니다. 아지랑이가 보이는 듯하지만 가서 잡으려고 하면 없습니다.

마음이라는 것도 그렇습니다. 이 마음이 났다가 사라지고 저 마음이 났다가 사라지고 해서, 어느 것이 내 마음인지 알 수 없습니다. 수없이 일어났다가 사라지니, 몸도 마음도 들판의 아지랑이와 같고 아침이슬과 같습니다. 이렇게 아침이슬과 같고 들판의 아지랑이와 같은 것을 위해서 평생 목숨을 걸고 살아가고 있습니다.

그렇다면 도대체 나라는 것이 무엇인가? 동물을 보고 어리석다고 하는데, 동물도 사람보다 못하지 않습니다. 왜냐면 동물들이 자기들끼리 싸움을 해서 서로 죽이기는 하지만, 사람처럼 전쟁을 일으켜서 엄청나게 죽이지는 않습니다. 사람 많이 죽이는 것은 사람입니다. 그러니 사람이 어찌 동물들보다 영리하다고 하겠습니까? 누구를 위해서 전쟁을 일으킵니까? 결국은 '나'를 위해서인데 아침이슬과 같고, 아지랑이와 같은 나를 위해서 왜 그렇게 힘들고 끔찍한 일을 합니까?

그렇다면 다시 '나'라는 것이 과연 무엇일까요? 그래서 수행이 필요합니다. 나를 찾는 것이 참선이고, 염불이고, 간경이고, 송주입니다. 사람들이 자기 얼굴 보기 위해서 거울을 보듯이, 자기를 보기 위해서 참선하고 염불하고 경 보고 송주하는 것이지 다른 일이 아니라는 말입니다. 전부 '회광반조 조요심원'하는 것입니다. 이것이 경허 큰스님의 법문입니다.

그러니까 무엇을 하든지 다 마음을 돌이켜서 안으로 보는 것으로 나의 마음 근원을 비추어 보는 것이 수행이라는 말입니다. 자기 마음에서 얻는 것이 참수행입니다.

『선가귀감』에 보면 서산 스님께서는 이렇게 말씀하셨습니다.

若人失之於口 약인실지어구
則拈花微笑 皆是敎迹 즉염화미소 개시교적

得之於心 득지어심
則世間麤言細語 즉세간주언세어
皆是教外別傳禪旨 개시교외별전선지

만약 사람이 말에서 잃어버리면
염화미소가 모두 교의 자취이고,
마음에서 얻으면
세상의 온갖 잡담이
모두 교 밖에 따로 전한 선지이다.

 말을 따라가는 것은 아지랑이와 같은 마음을 따라가는 것입니다. 말이라고 하는 것은 생각이거든요. 생각을 따라가면 안 되는 것입니다. 수행은 마음의 근원을 비추어 보는 것이지 생각을 따라가는 것이 아닙니다. 이론을 자꾸 제시한다든지 어떤 주장을 하는 것은 수행이 아닙니다. 그 주장하는 마음의 근원을 비추어 보아야 합니다. 갖가지 마음을 전개하는 것은 어떠한 좋은 생각이라도 아지랑이와 같이 사라져버립니다. 그런데 우리는 그것으로 살아갑니다. 자꾸 자기 생각을 일으켜서 마음을 전개시키는 것이 뼈가 되고, 살이 되고, 그것이 그냥 일상생활이 되어서 앞으로 나아갈 줄만 압니다. 앞으로 나아가는 것을 반연攀緣이라고 합니다. 인연을 얽어 잡는다는 뜻입니다. 그래서 반연심 攀緣心만 알지 심원을 비추어 보는 조요심照了心을 모릅니다.

반연심을 비추어 보는 것이 수행입니다. 생각을 따라가는 것은 수행이 아니라 윤회輪廻입니다. 수행과 반대가 윤회입니다. 오늘 이것을 했다가 내일이면 저것을 하고, 저것을 따라가면 그 순간에 다른 것을 또 따라갑니다. 이것을 알아야 합니다.

예를 들면 '내가 저것 하나만 가지면 죽어도 원이 없겠다.' 그 말에 속아서 내 목숨 바쳐서 그것을 해주면, 그것 이루는 순간에 다른 것을 또 구합니다. 절대 그런 것에 속지 말아야 합니다. '내가 집 한 채만 사면 아무 걱정이 없을 것 같다.' 천만에요. 집을 사는 순간에 다른 것을 또 걱정합니다. 이것이 중생마음입니다.

그러니까 무엇을 하고 싶거나, 갖고 싶거나, 이루고 싶은 것으로 이 마음을 채워서 이루려고 하면 영원히 윤회에서 벗어나지 못합니다. 하나 이루면 둘을 원하고, 둘을 이루면 셋을 원하는 수준으로는 아무리 채우려고 해도 채우지 못한다는 것을 분명히 알아야 수행 동기가 생깁니다. 자기 뜻대로 욕심 다 채우고 죽은 사람은 아무도 없습니다.

'구하는 놈, 밖으로 나가는 놈, 이것이 무엇인가?' 그 구하는 마음의 근원을 비추어 보는 것이 수행입니다. 구하는 마음을 채우는 것은 수행이 아니라 윤회입니다. 왜냐면 가져도 다른 것을 또 가지려고 하기 때문입니다. 차바퀴가 한번 굴러가면 계속 굴러가고 머무는 수가 없는 것과 같습니다.

다시 서산 스님의 법문을 보겠습니다. '말에서 잃어버리면 염화미소가 모두 교의 자취가 되고, 마음에서 얻게 되면 세간에 있는 온갖 말들이 교외별전의 선지가 된다.'는 것이지요. 이것이 도인道人의 직설법문直說法門입니다. 염화미소는 부처님께서 꽃을 드시니 가섭이 웃었다는 선법인데, 말에서 잃어버리면 선법이 전부 말이 됩니다. 반면에 마음에서 얻으면 모든 것이 선지禪旨가 됩니다. 선지라는 것은 마음이라는 소리입니다.

말에 떨어지면 모든 것이 말일 뿐입니다. 그래서 말을 사구死句 즉 '죽은 말'이라고 하고, 마음에서 얻은 지혜를 활구活句 즉 '산 말'이라고 합니다. 지혜로 돌아가면 다 활구가 되고, 말을 따라가면 전부 사구가 된다는 것입니다. 그러니까 말을 쫓아가면 그것은 윤회이고 생사입니다. 마음을 돌이켜 보면 거기에 수행의 길이 있고, 거기에 나를 찾는 길이 있습니다. 핵심이 그것입니다.

그러니까 염불하는 것이 다른 무엇을 부르는 것이 아니라 나를 찾는 일이고, 참선, 간경, 송주도 마찬가지입니다. 이것이 회통입니다. 나를 찾는 것이 수행인 것입니다.

큰스님들께서 '수행이란 이런 것과 같다.'라고 비유로 말씀하실 때

격초동사擊草動蛇를 듭니다. '풀을 때려서 뱀을 움직이는 것'과 같다는 것입니다. 멀쩡한 풀을 때리는 것이 목적이 아니라 그 밑에 있는 뱀을 쫓는 것이 목적입니다. 그것을 수행이라고 합니다.

수행은 우리가 밥을 먹는 것과 같고 잠을 자는 것과 같습니다. 할 일이 많은데 잠을 왜 잡니까? 잠을 자는 이유가 내 몸의 피로를 없애려고 잠을 자는 것이고, 내 몸을 위해서 자는 것이지, 다른 것을 위해서 자는 것이 아닙니다. 이불을 위해서 잔다든지, 방을 위해서 자는 것이 아니잖아요. 내 몸을 위해서 자는 것입니다.

그리고 우리가 물을 마시고, 밥을 먹고, 빵을 먹는데, 이것이 쓸데없이 먹고 마시는 것입니까? 먹기 전에는 물이 다르고, 밥이 다르고, 빵이 다르고, 온갖 음식이 다 다르지만, 목구멍으로 쓱 넘어가면 차이가 없습니다. 맛도 무슨 맛인지 한 고개만 넘어가면 소용이 없습니다. 그러면 무엇이 됩니까? 바로 내가 됩니다. 구체적으로는 내 몸이 되는 것입니다. 밥을 먹기 전에는 밥이지만 먹은 다음에는 밥이 아니고 몸인 것처럼, 경을 보든지 염불을 하든지 참선을 하든지 깊이 들어가면 마음의 근원을 본 것이 됩니다. 이것을 수행이라고 합니다.

마음의 근원을 보기 전까지는 말에 따라다닙니다. 전부 차별과 논쟁과 갈등입니다. 참선이 좋으냐, 염불이 좋으냐, 윤회가 어떠냐, 해탈이 어떠냐, 전부 말에 따라다니는 것입니다. 그것은 음식으로 말하면 음식 구경만 하는 것과 같고, 먹기는 먹었는데 맛보는 단계에서 목으로 넘기지 못한 것과 같습니다. 넘겨서 소화가 다 되면 나의 몸 하나뿐입니다. 수행도 개별 수행이 무엇이든 그냥 지혜 하나뿐입니다.

경허 큰스님의 말씀 중에 '중노릇하는 법'이라는 법문이 있습니다.

> 대저 중노릇하는 것이 작은 일이리요.
> 잘 먹고 잘 입기 위하야 중노릇하는 것이 아니라
> 부처 되어 살고 죽는 것을 면하고자 하는 것이니
> 부처 되려면 내 몸에 있는 내 마음을 찾아보아야 하는 것이다.

세상에는 아들 노릇, 딸 노릇, 어머니 노릇, 아버지 노릇 이렇게 사람 노릇하기도 바쁜데 쓸데없이 왜 중노릇까지 하라고 합니까? 중노릇할 여가가 어디 있습니까? 생각해보십시오. 사람 노릇하고 사는 것도 쉬운 일이 아닌데 왜 중노릇을 하라고 하는 것인가?

제목은 '중노릇하는 법'이라고 되어 있는데요, 내용을 읽어보면 나를 찾는 것입니다. 내가 나를 찾는 길이 중노릇입니다. 중노릇하는 것이 작은 일이겠는가? 큰일이다. 어째서 큰일인가? 내 몸에 있는 내 마음을 찾아보아야 하는 것이기 때문입니다.

마음이 어디에 있습니까? 내 몸에 있습니다. 그런데 좋은 마음이 일어나면 한없는 복을 받는데, 나쁜 마음이 일어나면 한없는 죄를 지어서 벌을 받습니다. 그리고 아무리 좋은 마음이 일어났다고 하더라도 이 마음이 오래 가지 않습니다. 금방 사라집니다. 좋은 마음을 일으켰던 사람이 또 나쁜 마음을 일으켜서 고苦를 받습니다. 이것이 윤회입니다. 지옥이 다른 데 있는 것이 아닙니다. 나쁜 마음 일으키면 지옥 가고 좋은 마음 일으키면 천당 가는 것입니다. 그래서 이 마음을 찾지 못하면 지옥을 갔다가 천당을 갔다가 되풀이하는 것이 아지랑이 따라서 왔다 갔다 하는 것과 같은 것입니다.

그래서 세상만사를 다 잊어버리고 항상 내마음을 궁구하라고 합니다.

> 내 마음을 찾으려면…
> 세상만사를 다 잊어버리고
> 항상 내 마음을 궁구하되
> 보고 듣고 일체 일을 생각하는 놈이
> 모양이 어떻게 생겼는고?
> 의심을 내어 궁구하되…
> 지성으로 하여 가면
> 필경에 내 마음을 깨달을 때가 있을 것이니

부디 신심을 내어 공부할지니라.

경허 큰스님은 '오도가悟道歌'에서 '내가 법왕이 되어서 모든 법에 자재한다.'고 노래하고 있습니다. 마음의 근원을 확실히 보면 그것이 바로 '아위법왕 어법자재我爲法王 於法自在'입니다. 그래서 내 마음이 무엇인가, 보고 듣고 생각하는 이 마음이 무엇인가를 궁구窮究하라고 합니다. 궁구라는 말은 '찾는다'는 것입니다. '내 마음을 찾으니 내게 있는 내 마음이 부처가 아니면 무엇이겠는가!' 이것을 깨닫는 것이 성불입니다.

마음의 근원을 보지 못해서 아지랑이와 같은 마음에 쫓아가고, 아침 이슬과 같은 몸에 매달리는 것이 미혹이고 윤회입니다. 윤회는 딸려가면서 사는 것이고, 마음의 근원을 본 깨달은 사람은 자재하게 사는 것입니다. 깨닫고 나면 다 자재하게 됩니다.

통도사 경봉鏡峰 1892~1982 큰스님은 법문하실 때마다 이 말씀을 하십니다. 그때는 전혀 모르고 들었는데 요즘 보니까 참으로 대단한 법문입니다.

법사가 자리에서 일어나서 일보, 이보, 삼사오보로
법상에 올라와서 앉기 전에 법문이 이미 다 되었다.
또 대중이 '오늘 무슨 말을 할랑고?'

생각을 일으키기 전에 법문이 이미 다 되었다.

그런데 여기에 다 하지 못한 더 깊은 뜻이 있습니다. 법사가 일어나서 법상에 앉기 전에 법문이 다 되었다면, 법상에 앉은 뒤에는 어찌 되었는가? 또 '오늘 무슨 말을 하려는가?' 경상도 말로 "무슨 말을 할랑고?" 그 생각을 일으키기 전에 법문이 다 되었다면 '무슨 말을 하려는가?' 하고 생각을 일으킨 다음에는 어찌 되었는가?

마음의 근원을 밝히면 이변삼제二邊三際가 끊어졌다고 했습니다. '있다' '없다'가 이변이고, 과거 현재 미래가 삼제입니다. 그래서 자리에서 일어나기 전에도 다 되었고, 일어났을 때도 다 되었고, 일어난 다음에도 다 되었다는 것입니다. 이것이 '내가 법왕이 되어서 법에 자재한다.'라는 뜻입니다.

내가 마음을 비추어 보지 못하면 항상 이 말에 걸려서 보지 못합니다. 그러니까 열심히 참선하고, 염불하고, 간경하고, 송주하고, 공덕 짓고 하면, 그것이 내가 나에게 돌아가서 생사와 모든 환경에 자재하는 법이라는 것입니다.

(2012년 6월 28일 방영)

一 법구 法句 一

看經見佛

文字看經孤單業　尋行索言空白頭
教說章句三藏文　披披益多轉無數
文文字字顯佛身　大經眼目見十佛
見佛經眼又日深　目前常見舊來佛

惺庵宗梵

간경은 견불이다

경을 보는 일, 쉬운 일 아니니
글 줄 찾고 말 익히다 몸이 늙는다.
경교의 언설장구 대장경 교설이
볼수록 많아서 그 수가 끝이 없다.

경교의 언구마다 불신을 나타내니
화엄경의 안목으로 십불의 실상을 본다.
견불하는 경안이 나날이 깊어지면
목전에서 항상 세월 밖의 불신을 본다.

성암종범

華嚴家風

華嚴宗家　同門修學
各成專業　遺香萬世

義相見佛

大經眼目　通見十佛
義相會上　華嚴學習

法藏述疏

依經述疏　詳解經義
後代學人　依疏義解

惺庵宗梵

화엄가풍

화엄 종가에서
함께 수학했으나
각자 전업을 이루어
향기를 만세에 남겼다.

의상은
불신을 보았다

화엄경의 안목으로
원만히 십불을 보는 것이
의상의 화엄 회상에서
화엄경을 학습하는 학풍이었다.

법장은
경소를 지었다

경문에 의해서 경소를 지어
경의를 자세히 해석했으니
후대의 학인이
경소에 의해 경의를 알게 되었다.

성암종범

爲

須彌海住講室

槃談書經讚偈

大方廣佛華嚴經　毘盧遮那顯普明

處會品卷示教說　莊嚴法界金寶藏

披經讀誦經學人　教鏡智燈照心性

識心見性無疑惑　無文大經常放光

戊戌二月 日

惺庵宗梵

수미해주의 강실을 위해
생각을 모아 경찬게를 쓴다

대방광불화엄경이여!
비로자나보광명이여!
처·회·품·권에서 보이는 교설은
법계의 무진 불찰을 장엄하는 서원이다.

경을 펴고 독송하는 경학인이
경 거울과 지혜 등으로 심성을 반조해서
마음을 알고 심성을 보아 의혹이 없으면
문자 없는 화엄경이 항상 빛난다.

무술 2월 일

성암종범

성암 종범惺庵 宗梵 스님은

충남 공주에서 태어나 통도사에서 벽안 스님을 은사로 출가하였다.
통도사승가대학 강주를 역임한 후 중앙승가대학교 교수로 재직하였으며,
2000년부터 8년간에 걸쳐 중앙승가대학교 제3대, 제4대 총장을 역임하였다.

종범 스님 설법집 ②
〈BTN 1〉

한생각 공부

초판 1쇄 발행 : 2023년 1월 20일
초판 7쇄 발행 : 2023년 3월 31일

발행인 : 권병돈
발행처 : 도서출판 한생각
       경상남도 양산시 하북면 통도사로 108
       서축암_ 전화 : 055)381-7290
자문 : 선지 스님(통천사 주지)
편집 : 우진 스님(서축암 감원)
      승원 스님(중앙승가대학교 교수)
      김상영(중앙승가대학교 교수)
디자인 : 담앤북스
일러스트 : 장명희

ISBN 979-11-961076-6-6 (04220)

정가 25,000원

동영상 QR코드는 BTN에서 제공하였습니다.